दिल्ली दंगे
साजिश का खुलासा

उत्तर-पूर्व दिल्ली में 23.02.2020 से 26.02.2020 के दौरान हुए दंगों के सच का पता लगाने के लिए गठित समिति की रिपोर्ट

संपादन

आदित्य भारद्वाज
आशीष कुमार अंशु

प्रकाशक

प्रभात पेपरबैक्स

4/19 आसफ अली रोड, नई दिल्ली–110002

फोन : 23289777 • हेल्पलाइन नं. : 7827007777

इ–मेल : prabhatbooks@gmail.com ❖ वेब ठिकाना : www.prabhatbooks.com

संस्करण

प्रथम, 2020

अनुवाद

आराधना शरण

मूल्य

एक सौ पच्चीस रुपए

अ.मा.पु.स. 978-93-90378-00-5

मुद्रक

आर–टेक ऑफसेट प्रिंटर्स, दिल्ली

★

DELHI DANGE : Sazish Ka Khulasa
Ed. Aditya Bhardwaj & Ashish Kumar Anshu

Published by **PRABHAT PAPERBACKS**
4/19 Asaf Ali Road, New Delhi-110002

ISBN 978-93-90378-00-5

₹ 125.00

सारांश

दिसंबर 2019 में नागरिकता संशोधन विधेयक के पास होने के बाद विरोध की लहर ने देशभर को अपनी गिरफ्त में ले लिया और इसके कुछ महीने के भीतर ही बड़े पैमाने पर हुई हिंसा के लिए दिल्ली सुर्खियों में थी। उत्तर-पूर्व दिल्ली में सी.ए.ए. के विरोधियों और समर्थकों में कथित झड़प के बाद यह हिंसा भड़की थी और यह सब तब हुआ, जब अमेरिका के राष्ट्रपति अपनी भारत यात्रा के दौरान दिल्ली में थे।

वर्ष 2019 के दौरान तीन तलाक, अनुच्छेद 370 और रामजन्मभूमि जैसे अरसे से लंबित सामाजिक-राजनीतिक मुद्दों का अंततः निपटारा हुआ, लेकिन इसने भारत और यहाँ के लोगों के हितों के खिलाफ काम कर रहे विभिन्न कट्टरपंथी गुटों के गुस्से को सुलगा दिया। हालाँकि सी.ए.ए. से भारत के किसी भी नागरिक पर कोई विपरीत प्रभाव नहीं पड़ने वाला था, चाहे वह किसी भी जाति, धर्म या संप्रदाय का क्यों न हो और सी.ए.ए. विरोधी कट्टरपंथी गुट आम लोगों के बीच अपना आधार खोते जा रहे थे, इसलिए उन्होंने समाज के विभिन्न वर्गों को लक्ष्य करते हुए विभिन्न मंचों से तमाम दुष्प्रचारों को हवा दी और इन्हें सुनियोजित तरीके से फैलाया। इसके कारण आखिरकार मुसलिम समुदाय के एक वर्ग में यह बात घर कर गई कि उसे हाशिए पर डाल दिया गया है और तब सुनियोजित तरीके से पैसे और अन्य साधनों के अलावा आदमी वगैरह उपलब्ध कराकर उत्तर-पूर्वी दिल्ली के मुसलमानों को दंगों में झोंक दिया गया।

पिंजड़ा तोड़[1], जामिया कोऑर्डिनेशन कमेटी, अल्युमनाई एसोसिएशन ऑफ जामिया मिल्लिया इसलामिया, पॉपुलर फ्रंट ऑफ इंडिया (पी. एफ.आई.) जैसे विभिन्न कट्टरपंथी संगठनों और आम आदमी पार्टी (आ.आ.पा.) के स्थानीय नेताओं ने दिल्ली चुनाव के बाद अचानक सी.ए.ए. विरोध को आधार बनाते हुए दुष्प्रचार और घृणा से भरे भाषणों का अभियान तेज कर दिया। उत्तर-पूर्वी दिल्ली में बड़ी संख्या ऐसे लोगों की है, जो गरीब हैं और ज्यादा पढ़े-लिखे नहीं हैं, इसलिए उपरोक्त संगठनों के सदस्यों ने मुसलमानों में पैठ बना ली और फिर अपने मंसूबों को पूरा करने के लिए छोटे-छोटे समूहों में लोगों को बरगलाने, भड़काने और उकसाने लगे।

इसके अलावा नफरती भाषणों की बातों के असर को बढ़ाने तथा मुसलमानों की भावनाओं और उनके डर को भड़काने के लिए इन कट्टरपंथी गुटों ने उन्हीं बातों को इमामों द्वारा मसजिदों में होनेवाली रोजाना की बैठकों और दिन में कई बार लाउड स्पीकरों से प्रसारित होनेवाली अजान के जरिए भी फैलाने का इंतजाम किया।

पहले से तय योजना के मुताबिक सारा इंतजाम करने के बाद इन कट्टरपंथी संगठनों ने भारी तादाद में जुटाए गए पत्थरों, पेट्रोल बमों, गुलेलों, तमंचों, एसिड पैकेटों वगैरह का इस्तेमाल करते हुए हमलों को अंजाम दिया।

इसके अतिरिक्त बड़ी संख्या में बाहरी लोग, जिनकी संख्या लगभग 7,000 थी और जिनमें से ज्यादातर 15-35 आयु वर्ग के थे, स्थानीय लोगों में शामिल हो गए और हमलों का नेतृत्व किया। भीम सेना ने भी इन संगठनों के साथ हाथ मिला लिया और सी.ए.ए. विरोध में अपने समुदाय के लोगों को भी शामिल करने के लिए उसने प्रोन्नति में आरक्षण के मुद्दे पर अपनी माँग के लिए सी.ए.ए. विरोधी प्रदर्शन को मंच बना दिया।

प्रवर्तन निदेशालय ने पाया कि सी.ए.ए. विरोधी प्रदर्शन के लिए पैसे

---

1. ऑपइंडिया, दिल्ली रायट्स : 'वुमन्स राइट्स ग्रुप' पिंजड़ा तोड़ ऐक्यूज्ड ऑफ इनसाइटिंग वॉयलेंस, (26/02/2020), https://www.opindia.com/2020/02/pinjra-tod-inciting-riots-delhi-road-block-anti-caa.

पॉपुलर फ्रंट ऑफ इंडिया (पी.एफ.आई.) ने मुहैया कराए और कांग्रेस तथा आम आदमी पार्टी के नेता पी.एफ.आई. प्रमुख से संपर्क के थे एवं सी.ए.ए. विरोधी मुहिम चलाने के लिए पी.एफ.आई. से जुड़े 73 बैंक खातों में 120 करोड़ रुपए डाले गए।

हमले 23/02/2020 को शुरू हुए और इनका समय पूर्वनियोजित साजिश के तहत तय किया गया था, जैसा कि 17/02/2020 के उमर खालिद के बयान से भी स्पष्ट होता है, जिसमें उसने साफ शब्दों में कहा था कि अमेरिकी राष्ट्रपति की भारत यात्रा के दौरान दंगे होंगे[2]। कट्टरपंथी संगठनों ने अमेरिकी राष्ट्रपति की यात्रा की तारीख को ध्यान में रखते हुए ही सारा इंतजाम किया और हमलों को अंजाम देने तथा इसका वांछित परिणाम हासिल करने के लिए सी.ए.ए. विरोधी भावनाओं को भड़काने की रूपरेखा तैयार की।

इन हमलों का उद्देश्य हिंदुओं और मुसलमानों के बीच शत्रुता का स्थायी वातावरण बनाना था; चूँकि सी.ए.ए. के पूरे प्रकरण को ही मुसलिम-विरोधी अभियान के तौर पर चित्रित किया गया था, देश को सांप्रदायिक आधार पर बाँटने के अपने लक्ष्य को पाने के लिए इन कट्टरपंथी समूहों के पास मुसलिम समुदाय का इस्तेमाल करने का एक बेहतर विकल्प था। हिंदू समुदाय इन हमलों से पूरी तरह अनजान था। मुसलिम समुदाय के हमलवारों ने पूरी सावधानी के साथ सारी तैयारी की। कुछ गवाहों/पीड़ितों ने अपने बयान में कहा है कि 24/02/2020 को मुसलिम स्कूल बंद कर दिए गए थे; यहाँ तक कि मुसलमान माता-पिता अन्य स्कूलों में पढ़ रहे अपने बच्चों को भी हमले से पहले सुबह 10.00 बजे तक वापस लेकर आ चुके थे।

हिंसा में एक आई.बी. अधिकारी और दिल्ली पुलिस के दो कर्मियों सहित 53 लोगों की जान चली गई और 200 से ज्यादा लोग घायल हो

---

2. ऑपइंडिया स्टाफ, वॉच : दिल्ली रायट्स प्री-प्लांड? उमर खालिद सीन इनसाइटिंग पीपुल टु टेक टु दि स्ट्रीट्स एगेंस्ट मोदी गवर्नमेंट व्हाइल ट्रंप विजिट्स, (02/03/2020), https://www.opindia.com/2020/03/umar-khalid-jnu-tukde-gang-delhi-riots-muslim-caa-nrc-violence-trump-visit/

गए। इसके अतिरिक्त 1,000 करोड़ की संपत्ति बरबाद कर दी गई, जिसमें 92 मकान, 57 दुकान, 500 गाड़ी, 6 गोदाम, 2 स्कूल, 4 कारखाने और 4 धार्मिक स्थल शामिल थे। इनमें 718 से भी ज्यादा एफ.आई.आर. दर्ज की गईं और 3400 लोगों को हिरासत में लिया गया या गिरफ्तार[3] किया गय्र है।

3. इकोनॉमिक टाइम्स, दिल्ली रायट्स : 718 केसेज रजिस्टर्ड, 3,400 पीपुल डिटेंड ऑर अरेस्टेड, (14/03/2020), https://economictimes.indiatimes.com/news/politics-and-nation/delhi-riots-718-cases-registered-3400-people-detained-or-arrested/articleshow/74629509.cms.

अनुक्रम

सरोकार और कॉल फॉर जस्टिस

'कॉल फॉर जस्टिस. नाम से पंजीकृत इस ट्रस्ट का कार्यालय नई दिल्ली में है और इसके निम्नलिखित उद्देश्य हैं—

(1) अपने कार्यक्षेत्र में सभी संभव साधनों से सामाजिक, आर्थिक और शैक्षिक रूप से कमजोर, वंचित और हाशिए पर स्थित समुदायों के उत्थान तथा इनके सामाजिक, आर्थिक और सांस्कृतिक विकास को बढ़ावा देना।

(2) स्वास्थ्य, शिक्षा, पर्यावरण, मानवाधिकार तथा किसी भी अन्य आकस्मिक समस्याओं से प्रभावित या पीड़ित लोगों के उत्थान तथा अपने कार्यक्षेत्र के अंतर्गत यथोचित साधनों से उन्हें बढ़ावा देना।

(3) मानवाधिकारों और स्वतंत्रता का प्रोत्साहन, संरक्षण एवं समर्थन करना, कानून के वर्चस्व को स्थापित करना, 'पाप से घृणा करो, लेकिन पापी से नहीं' के सिद्धांत को ध्यान में रखते हुए 'सभी के लिए न्याय' (यानी पीड़ितों, आरोपियों, जाँच एजेंसियों, न्याय दिलाने से जुड़े और इसमें शामिल सभी लोगों तथा अन्य सभी संबंधित व्यक्तियों) की अवधारणा को पूरी ताकत से लागू करना।

(4) प्रकाशन, मीडिया, सेमिनार, व्याख्यान आदि के माध्यम से कानून, स्वास्थ्य, शिक्षा, पर्यावरण और मानवाधिकारों के बारे में जागरूकता फैलाना।

(5) इन उद्देश्यों के अलावा भी ट्रस्ट के विविध लक्ष्य हैं, जो किसी भी तरह से उपरोक्त वर्णित मुख्य उद्देश्यों की व्यापकता को सीमित नहीं करते, बल्कि उक्त मुख्य उद्देश्यों के अनुकूल हैं।

(6) जैसा देखा जा सकता है, इन उद्देश्यों में से एक है न्याय व्यवस्था को अमल में लाना तथा शांति बनाए रखना।

1

परिचय

पूर्वावलोकन

दिसंबर 2019 में सी.ए.ए. के पारित होने के बाद दुष्प्रचार अभियान के आधार पर विभिन्न राष्ट्रीय और क्षेत्रीय राजनीतिक दलों के नेतृत्व में चलाए जा रहे विरोध प्रदर्शन ने गति पकड़ ली; लेकिन चूँकि सरकार इस कानून से पड़ने वाले असर के प्रति भ्रांतियों को विभिन्न मीडिया और सोशल मीडिया प्लेटफॉर्म के जरिए दूर भी कर रही थी, इसलिए यह विरोध लगातार धीमा भी पड़ता जा रहा था। सी.ए.ए. विरोधी प्रदर्शनकारियों की आक्रामक लॉबिंग के बावजूद अंतरराष्ट्रीय समुदाय ने भी उनका सामाजिक, नैतिक या राजनीतिक समर्थन नहीं किया, इस कारण बुलबुले की तरह उठा विरोध बड़ी तेजी से शांत पड़ गया और सी.ए.ए. विरोधी प्रदर्शनकारी जनता का समर्थन एवं उसकी दिलचस्पी खो बैठे; सी.ए.ए. विरोधी प्रदर्शनों के पीछे की असली ताकतों में अब बेचैनी और हताशा घर करने लगी थी, क्योंकि ये बुनियादी तौर पर राष्ट्र विरोधी, उग्रवादी इसलामी गुट और अन्य कट्टरपंथी समूह थे, जो अनुच्छेद 370 को निरस्त किए जाने, तीन तलाक को लागू करने और रामजन्मभूमि विवाद के सुलझने के कारण सरकार के प्रति खीझ से भरे हुए थे और ये मोदी सरकार को गिराने के मौके की ताक में थे। इसलिए इन संगठनों ने मिलकर साजिश रची एवं हिंदू समुदाय को पूर्वनियोजित और

संगठित तरीके से निशाना बनाया, जैसा कि पीड़ितों के बयानों तथा अन्य संबंधित साक्ष्यों के आधार पर आगे विस्तार से बताया गया है।

दुष्प्रचार अभियान

चूँकि सी.ए.ए. के कारण देश के किसी भी नागरिक पर कोई प्रतिकूल प्रभाव नहीं पड़नेवाला था, चाहे वे किसी भी जाति, धर्म या समुदाय के हों और सी.ए.ए. विरोधी कट्टरपंथी गुट आम लोगों के बीच अपना आधार खोते जा रहे थे, इसलिए उन्होंने समाज के विभिन्न वर्गों को लक्ष्य करते हुए विभिन्न मंचों से तमाम दुष्प्रचारों को हवा दी और इन्हें सुनियोजित तरीके से फैलाया। इसके कारण आखिरकार मुसलिम समुदाय में हाशिए पर डाल दिए जाने का भाव घर कर गया और तब सुनियोजित तरीके से धन एवं अन्य साधनों के अलावा लोग इत्यादि उपलब्ध कराके उत्तर-पूर्वी दिल्ली के मुसलमानों को दंगों में झोंक दिया गया।

सी.ए.ए. की अधिसूचना के बाद राष्ट्रीय और क्षेत्रीय राजनीतिक दलों ने इस बात की बखूबी जानकारी होने के बाद भी कि सी.ए.ए. देश के किसी भी नागरिक पर किसी तरह का कोई विपरीत प्रभाव नहीं डालता, बड़े ही आक्रामक तरीके से दुष्प्रचार अभियान चलाया, भड़काने वाले भाषण दिए, अफवाहें फैलाईं, भड़काऊ सामग्री बँटवाई, ताकि देश को सांप्रदायिक आधार पर बाँटा जा सके।

सी.ए.ए. विरोधी और समर्थकों पर नेताओं द्वारा की गई भड़काऊ टिप्पणियाँ, जिनके कारण उत्तर-पूर्वी दिल्ली में हिंसा भड़की

- सोनिया गांधी ने अपने एक बयान में कहा, 'हम सभी की जिम्मेदारी है कि अपने घरों से बाहर आएँ और आंदोलन करें'। उन्होंने सी.ए.ए. विरोध को 'आर-पार की लड़ाई'[1] करार दिया।
- राहुल गांधी ने एक बयान[2] में कहा, "डरें नहीं, कांग्रेस पार्टी आपके साथ खड़ी है। हमें मिलकर लड़ना है···"
- कांग्रेस नेता मणि शंकर अय्यर ने 14 जनवरी, 2020 को शाहीन बाग में एक जनसभा को संबोधित करते हुए कहा, "जिस भी कुर्बानी की जरूरत है, मैं देने को तैयार हूँ। अब देखते हैं कि किसके हाथ मजबूत हैं···हमारे या उन हत्यारों के"[3]
- 27 जनवरी, 2020 को अनुराग ठाकुर ने एक चुनावी सभा में कहा, "देश के गद्दारों को, गोली मारो सा** को"[4]
- ऑल इंडिया मजलिस-ए-इत्तेहादुल मुसलिमीन (ए.आई. एम.आई.एम.) नेता वारिस पठान ने 20 फरवरी, 2020 को

---

1. ए.पी. आर्काइव, सोनिया गांधी एड्रेसेज एंटी-गवर्नमेंट रैली, (19/12/2019) https://www.youtube.com/watch?v=diVknnIHktY
2. वही
3. मनीष चंद्र पांडे, इंडिया टुडे, कांग्रेस लीडर मणि शंकर अय्यर विजिट्स शाहीन बाग, क्रिएट्स रो विद 'कातिल' रिमार्क, (14/01/2020), https://www.indiatoday.in/india/story/congress-leader-mani-shankar-aiyar-visits-shaheen-bagh-creates-row-with-kaatil-remark-1636863-2020-01-14.
4. प्रेस ट्रस्ट ऑफ इंडिया, दिल्ली पोल्स : ईसी सीक्स रिपोर्ट ऑन अनुराग ठाकुर्स 'देश के गद्दारों···' चैट एट रैली, (28/01/2020), https://www.indiatoday.in/elections/delhi-assembly-polls-2020/story/delhi-polls-ec-seeks-report-on-anurag-thakur-s-desh-ke-gaddaron-chant-at-rally-1640760-2020-01-28.

एक सार्वजनिक सभा में कहा—वे कहते हैं कि हमने अपनी औरतों को आगे कर दिया है। अभी केवल शेरनियाँ बाहर आई हैं और तुम्हारे पसीने छूटने लगे। तुम समझ सकते हो कि क्या होगा जब हम सब एक साथ बाहर आएँगे। 15 करोड़ हैं, मगर 100 के ऊपर भारी हैं, ये याद रख लेना।[5]

- 23 फरवरी, 2020 को मौजपुर चौक पर कपिल मिश्रा ने कहा, "जब तक डोनाल्ड ट्रंप चले नहीं जाते, हम कुछ नहीं करेंगे, अगर सड़कों को खाली नहीं किया गया तो हम आपकी बात भी नहीं सुनेंगे। जाफराबाद और चाँदबाग सड़कों को खाली करा दें, हम आपसे विनती कर रहे हैं, नहीं तो उसके बाद हमें भी सड़क पर उतरना होगा।"[6]
- आ.आ.पा. विधायक अमानुल्लाह खान ने 26 फरवरी, 2020 को या इसके आसपास कहा, "1947 के बाद हमने सड़कों पर कोई लड़ाई नहीं लड़ी, अगर हम एक झड़प के बाद सड़क पर उतर गए होते तो फिर कोई झड़प नहीं होती। आज इस देश में आप दलितों से भी नीचे हो गए हैं। मुसलिमों ने इस देश पर 1000 साल तक राज किया है, एक मुसलमान आखिर दलित से नीचे कैसे हो सकता है?…"[7]

---

5. स्क्रॉल स्टाफ, वॉच : '15 करोड़ कैन आउटवे 100 करोड़', सेड ए.आई.एम.आई.एम. लीडर वारिस पठान इन कंट्रोवर्शियल सी.ए.ए. स्पीच,(21/02/2020), https://scroll.in/video/953832/watch-15-crore-can-outweigh-100-crore-said-aimim-leader-waris-pathan-in-controversial-caa-speech.
6. इंडिया टुडे वेब डेस्क, वोंट लिसेन आफ्टर 3 डेज : कपिल मिश्रा अल्टीमेटम टु दिल्ली पुलिस टु वैकेट जाफराबाद रोड्स, (23/02/2020), https://www.indiatoday.in/india/story/won-t-listen-after-3-days-bjp-kapil-mishra-ultimatum-to-delhi-police-to-vacate-jaffrabad-chand-bagh-roads-1649271-2020-02-23.
7. आकाश, https://twitter.com/Indiaaakash/status/ 1232712015-925268480

हालाँकि कुछ समय बाद झूठे तथ्यों के आधार पर खड़ा किया गया प्रतिरोध धीमा पड़ने लगा और फिर इन कट्टरपंथी समूहों ने इस घृणा को हिंसा में बदलने की कहीं बड़ी साजिश रची और इसी के तहत विभिन्न मंचों से उत्तर-पूर्वी दिल्ली समेत खास इलाकों के लोगों को लक्ष्य करते हुए बाँटने वाली झूठी बातें फैलाईं और इसके अलावा विध्वंसकारी गतिविधियों का खाका तैयार करने के साथ-साथ धन और अन्य साजो-सामान मुहैया कराए।

पिंजड़ा तोड़, जामिया कोऑर्डिनेशन कमेटी, अलुमनाई एसोसिएशन ऑफ जामिया मिल्लिया इसलामिया, पॉपुलर फ्रंट ऑफ इंडिया (पी.एफ.आई.) जैसे विभिन्न कट्टरपंथी संगठनों और आ.आ.पा. के स्थानीय नेताओं ने दिल्ली चुनावों के बाद अचानक सी.ए.ए. विरोध को आधार बनाते हुए दुष्प्रचार तथा नफरती बयानबाजी के अभियान को तेज कर दिया। चूँकि इन इलाकों के लोग गरीब हैं और ज्यादा पढ़े-लिखे नहीं हैं, इन कट्टरपंथी संगठनों के सदस्यों ने मुसलिम समुदाय में पैठ बना ली और फिर अपनी साजिश को अंजाम देने के लिए छोटे-छोटे समूहों में बँटकर लोगों के दिमाग में जहर घोलकर उन्हें भड़काने और उकसाने लगे। चूँकि इन इलाके के लोगों में ज्यादातर गरीब तथा दिहाड़ी मजदूर हैं, इन कट्टरपंथी संगठनों ने लोगों को उनकी आय के बराबर पैसे देना शुरू किया, जिससे विरोध प्रदर्शन को जारी रखा जा सके। अगर वे ऐसा नहीं करते तो यह विरोध प्रदर्शन कुछ और दिन भी नहीं चलने वाला था।

17 फरवरी, 2020 का उमर खालिद का भाषण, जो बताता है कि अमेरिकी राष्ट्रपति की भारतयात्रा के दौरान हिंसा पूर्वनियोजित थी[8]

- "सी.ए.ए. मुसलमानों को नुकसान पहुँचाने के लिए लाया गया है। लोगों को इस सरकार को 'औकात' दिखा देनी चाहिए, इस सरकार को उखाड़ फेंकने के लिए सड़क पर उतरें। अगर बड़ी तादाद में लोग सड़कों पर उतर आएँ तो सबसे पहले सी.ए.ए. जाएगा, फिर एन.पी.आर. और उसके बाद एन.आर.सी., अंततः यह सरकार भी जाएगी।"[9]
- उसने मुसलिमों की 'लक्षित मॉब लींचिंग' की बात की और यहाँ तक कह डाला कि मुसलमानों ने जब अयोध्या पर सुप्रीम कोर्ट के फैसले के खिलाफ बगावत नहीं की तो सरकार ने मान लिया कि वह मुसलमानों के खिलाफ कोई भी कानून ला सकती है।[10]

---

8. रिपब्लिक वर्ल्ड, बीजेपी एलेज्स उमर खालिद ऑफ इनसाइटिंग वॉयलेंस इन स्पीच बिफोर यूएस प्रेसिडेंट्स अराइवल टु इंडिया, 02.03.2020), https://www.youtube.com/watch?v=MXzPC2dyGQs.
9. ऑपइंडिया स्टाफ, वॉच : दिल्ली रायट्स प्री–प्लांड? उमर खालिद सीन इनसाइटिंग पीपुल टु टेक टु दि स्ट्रीट्स एगेन्स्ट मोदी गवर्नमेंट व्हाइल ट्रंप विजिट्स, (02/03/2020), https://www.opindia.com/2020/03/umar-khalid-jnu-tukde-gang-delhi-riots-muslim-caa-nrc-violence-trump-visit/.
10. वही

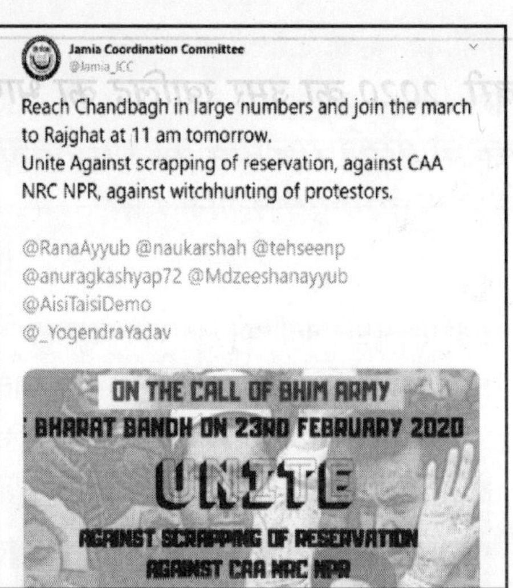

चित्र 1 : 22 फरवरी, 2020 को जामिया कोऑर्डिनेशन कमेटी ने ट्वीट करके सी.ए.ए. के खिलाफ राजघाट तक होनेवाले मार्च में शामिल होने के लिए लोगों से इकट्ठा होने की अपील की।

इसके अतिरिक्त नफरत फैलाने वाले बयानों के असर को बढ़ाने तथा इसे भावना, भय और धर्म से जोड़ने के लिए इन कट्टरपंथी गुटों ने इन बातों को मसजिदों में होनेवाली रोजाना की बैठकों में इमामों से कहलवाएँ तथा इन इलाकों में लाउड स्पीकरों से दिन में कई बार लगाई जानेवाली अजान के जरिए भी लोगों तक पहुँचाया।

हमलों की पहले से तैयारी

हमलों को एकदम सोचे-समझे लक्षित तरीके से अंजाम दिया गया और जिन्हें निशाना बनाया जाना था, उनकी पहले से पहचान की जा चुकी थी और इन हमलों में भारी मात्रा में पत्थरों, पेट्रोल बमों, गुलेलों, देसी तमंचों, एसिड पैकेट वगैरह का इस्तेमाल किया गया। हिंसा में इस्तेमाल किए गए इन सामान को तत्काल इकट्ठा नहीं किया जा सकता था, बल्कि इन्हें जमा करने में समय और संसाधन, दोनों लगा होगा। इसके अतिरिक्त तकरीबन

7,000 बाहरी लोगों को जुटाया गया था, जिनमें ज्यादातर 15–35 आयु वर्ग के थे। ये लोग विध्वंसकारी गतिविधियों को अंजाम देने के लिए प्रशिक्षित थे और स्थानीय लोगों में शामिल हो गए तथा हमलों का नेतृत्व किया।

प्रत्यक्षदर्शियों ने इंटरव्यू में खुलासा किया—

- समिति के सामने एक महिला ने बताया कि एक मुसलिम औरत ने उसे स्कूल खाली कर देने को कहा था, क्योंकि उस इलाके में 7,000 लोग आनेवाले थे और इसकी जानकारी उस मुसलिम औरत को एक फल बेचनेवाले से मिली थी।[11]
- एक अन्य महिला ने बताया कि लगभग 7,000 लोग ईदगाह में जमा हुए थे और वे अंतिम लड़ाई के लिए बिल्कुल तैयार थे।[12]

---

11. समिति द्वारा 29.02.2020 को MVI_354 वीडियो गवाही दर्ज की गई।
12. समिति द्वारा 29.02.2020, 1–3–2020 को वीडियो के जरिए दर्ज की गई गवाही।

प्रवर्तन निदेशालय ने बताया है कि सी.ए.ए. विरोधी प्रदर्शन के लिए धन पॉपुलर फ्रंट ऑफ इंडिया (पी.एफ.आई.) ने मुहैया कराया और कांग्रेस तथा आम आदमी पार्टी के नेता पी.एफ.आई. प्रमुख से संपर्क में थे[13] और पी.एफ. आई. एवं रिहैब इंडिया फाउंडेशन से जुड़े 73 बैंक खातों में 120 करोड़ रुपए डाले गए और हर बार जमा की गई राशि 50,000 से कम रखी गई, ताकि जमा करनेवाले की पहचान छिपाई जा सके। इस बात का भी खुलासा हुआ कि जमा की गई कुल राशि में से 1.05 करोड़ पी.एफ.आई. के 15 बैंक खातों में डाले गए तथा कुल नकद का एक तिहाई इसके शाहीन बाग स्थित मुख्यालय में रखा गया।[14]

भीम सेना ने भी इन संगठनों के साथ हाथ मिला लिया[15] और सी.ए.ए. के विरोध तथा प्रोन्नति में आरक्षण के मुद्दे को एक साथ लाते हुए अपने समुदाय के लोगों को सी.ए.ए. विरोधी प्रदर्शन में भाग लेने के लिए संगठित कर दिया।[16]

---

13. ऑपइंडिया, शाहीन बाग एंटी-सी.ए.ए. प्रोटेस्ट्स फंडेड बाई इस्लामिस्ट पी.एफ.आई., चीफ मोहम्मद परवेज अहमद'स लिंक्स टु आप्स संजय सिंह एंड कांग्रेसेज उदित राज, (06/02/2020), https://www.opindia.com/2020/02/shaheen-bagh-anti-caa-protests-aap-sanjay-singh-congress-ed-bank-accounts-office-cash-violence-riots/.
14. टाइम्स नाउ ब्यूरो, ईडी ड्रॉप्स बम शेल्स, लिंक्स पी.एफ.आई.-कांग्रेस-ए.ए.पी. विद शाहीनबाग प्रोटेस्ट बिफोर दिल्ली पोल्स, 06/02/2020), https://www.timesnownews.com/india/article/ed-drops-bombshell-links-pfi-congress-aap-with-shaheen-bagh-protest-before-delhi-polls/550137.
15. https://twitter.com/BhimArmyCheif/status/1219870680700686337.
16. इंडिया टुडे, भीम आर्मी चीफ चंद्रशेखर आजाद टेकेन इनटु पुलिस कस्टडी फ्रॉम जामा मसजिद, (21/12/2019), https://www.indiatoday.in/india/story/bhim-army-chief-chandrashekhar-azad-taken-into-police-custody-1630254-2019-12-21.

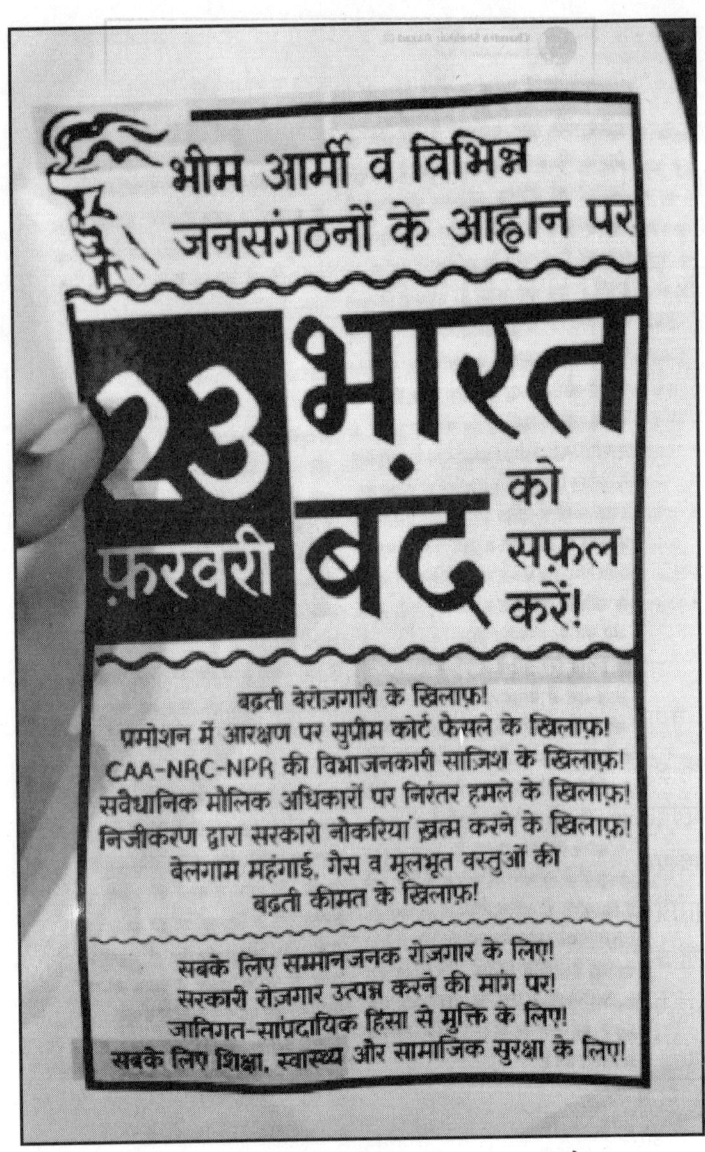

चित्र 2 : 23 फरवरी, 2020 को भारत बंद का आह्वान करते हुए भीम सेना ने परचे बँटवाए।

चित्र 3 : भीम सेना प्रमुख चंद्रशेखर का 22 जनवरी, 2020 का ट्वीट, जिसमें उन्होंने लिखा कि वह 'संघर्ष की भूमि' शाहीन बाग जा रहे हैं।

हमले को अंजाम देने का तरीका तथा जिस तरह से इसकी पहले से तैयारी की गई और संसाधन जुटाए गए, इससे स्पष्ट होता है कि यह एक कहीं बड़ी साजिश थी, जिसमें विभिन्न कट्टरपंथी संगठनों की सक्रिय भागीदारी थी और इन्हें संभवतः सीमा पार से भी मदद मिल रही थी। दंगों के बाद एक दंपती को गिरफ्तार किया गया, जो पी.एफ.आई. के सदस्य हैं और आरोप है कि इनके इसलामिक स्टेट से भी संपर्क हैं। इससे स्पष्ट है कि इन दंगों के पीछे वास्तव में कहीं बड़ा षड्यंत्र[17] था। दंगों के दौरान ही आई.एस. आई.एस. ने भारत के मुसलमानों से उसके जेहाद में शामिल होने की अपील

---

17. आई.एन.एस., रैडिकल इसलामिक ऑर्गनाइजेशन पी.एफ.आई. ऑपरेटिव दानिश अरेस्टेड फॉर स्प्रेडिंग फेक प्रोपेगैंडा इन एंटी–सी.ए.ए. प्रोटेस्ट्स, (09/03/2020), https://swarajyamag.com/insta/radical-islamic-org-pfi-operative-danish-arrested-for-spreading-fake-propaganda-in-anti-caa-protests;%20Press%20Information%20Bureau,%20GOI,%20Press%20Release,%20(11.03;.2020;8:41PM),%20pib.gov.in/PressReleseDetailm.aspx?PRID=1606053.

की थी और इस अपील में उसने सोशल मीडिया पर आई दिल्ली दंगों की हिंसक तसवीरों[18] का इस्तेमाल किया था।

हमले का समय

23.02.2020 से शुरू हुई हिंसा का समय अच्छी तरह सोच-समझकर पहले ही तय कर दिया गया था जैसा कि उमर खालिद के बयानों और हिंसा के लिए आदमी से लेकर संसाधन तक पहले ही जुटा लिए जाने से स्पष्ट है। सी.ए.ए. के मुद्दे के राजनीतीकरण या इसको इस्तेमाल करते हुए सरकार को अस्थिर करने के मंसूबों में विफल रहने पर ये कट्टरपंथी संगठन किसी मौके की ताक में थे और अमेरिकी राष्ट्रपति डोनाल्ड ट्रंप की यात्रा के रूप में उन्हें एक अच्छा अवसर मिल गया। अंतरराष्ट्रीय कूटनीति में अमेरिका के वर्चस्व के कारण अमेरिकी राष्ट्रपति को दुनिया में एक खास जगह हासिल है और दुनिया उनके नक्शेकदम पर चलती है तथा जब भी वह किसी मुद्दे पर कुछ बोलते हैं, उससे जुड़े देशों/संगठनों और समूहों की राजनीतिक प्राथमिकताएँ तत्काल उसी के मुताबिक आकार ले लेती हैं।

कट्टरपंथी गुटों को अच्छी तरह पता था कि दिल्ली या भारत के दूसरे हिस्सों में सी.ए.ए. का जिस तरह विरोध हो रहा है, उससे कोई फायदा नहीं होगा और भारत यात्रा के दौरान अमेरिकी राष्ट्रपति का ध्यान भी इस ओर नहीं जाएगा। इसलिए इन कट्टरपंथी गुटों ने कुछ बहुत बड़ा करने का फैसला किया और यह तभी हो सकता था, जब इसमें बड़े पैमाने पर लूटपाट, हिंसा, आगजनी होती, लोगों की मौत होती और काफी लोग घायल होते। इन समूहों ने पहले से तय कर रखा था कि किस तारीख को किसे निशाना बनाना है और उसी को ध्यान में रखते हुए उन्होंने आदमी, पैसे, हथियार जैसे संसाधन इकट्ठा किए और इन हमलों को अंजाम देने तथा वांछित परिणाम

---

18. दि फेडरल, यूजिंग दिल्ली रायट इमेज आई.एस.आई.एस. आस्क्स इंडियन मुसलिम्स टु जॉइन जेहाद, (28/02/2020), https://thefederal.com/news/is-makes-poster-of-delhi-riot-image-incites-indian-muslims-to-join-them/.

पाने के लिए उन्होंने भड़काने वाले संदेशों को चुना तथा उन्हें लोगों के बीच अच्छी तरह से प्रचारित कराया। इन हमलों के लिए दिल्ली के उत्तर-पूर्वी जिले को चुनने के कई कारण थे; सबसे पहले यह घनी आबादी है, इसलिए प्रभाव अधिक और विनाशकारी होता, दूसरी बात यह क्षेत्र मिश्रित आबादी वाला है, इस कारण नफरती बयानों के आधार पर आसानी से झड़प कराई जा सकती थी, तीसरा यह इलाका गाजियाबाद की सीमा से लगा था, इसलिए यहाँ बाहरी लोगों को लाना सुविधाजनक था और चौथा, इस इलाके में ज्यादातर लोग गरीब एवं अशिक्षित हैं, जिस कारण दिल्ली के किसी और इलाके की तुलना में यहाँ के लोगों को उल्टी-सीधी बातों के आधार पर भड़काना कहीं आसान था।

हिंदू समुदाय को चुन-चुनकर निशाना बनाया

हमलों का उद्देश्य हिंदू और मुसलमानों के बीच आक्रामकता का स्थायी माहौल बनाना था और चूँकि सी.ए.ए. के पूरे प्रकरण को मुसलिम विरोधी चित्रित किया गया था, इन कट्टरपंथी गुटों के लिए देश को सांप्रदायिक आधार पर बाँटने के अपने मंसूबों को पूरा करने के लिए मुसलिम समुदाय को इस्तेमाल करना ही सबसे अच्छा विकल्प था। इन कट्टरपंथी गुटों ने इस अभियान में मुसलमानों के साथ दलितों को भी लाने की कोशिश की और इसके लिए उन्होंने भीम सेना को भरोसे में लिया, जिसके प्रमुख चंद्रशेखर आजाद ने उत्तर-पूर्वी दिल्ली में सी.ए.ए. विरोधी मुसलिम प्रदर्शनकारियों के साथ दलितों को लाने के लिए आक्रामक तरीके से प्रचार किया। हालाँकि उनकी अपेक्षाओं के अनुकूल इसका कोई परिणाम नहीं निकल सका।

हिंदू समुदाय इन हमलों से पूरी तरह अनजान था, जबकि मुसलिम संप्रदाय के हमलावरों ने पूरी बारीकी के साथ इन हमलों की तैयारी कर रखी थी और उन्होंने न केवल पहले से ही आदमी एवं अन्य संसाधन जुटा रखे थे, बल्कि यह भी तय कर रखा था कि इन हमलों को कब अंजाम देना है तथा

किसे निशाना बनाना है। कुछ प्रत्यक्षदर्शियों/पीड़ितों की गवाही से स्पष्ट होता है कि 24.02.2020 को मुसलिम स्कूलों को बंद कर दिया गया था; यहाँ तक अन्य स्कूलों से भी मुसलिम बच्चों को उनके अभिभावक हमले से पहले ही, यानी सुबह 10.00 बजे के आसपास ही वापस ले आए थे।

All your attention was fixed at Shaheen Bagh

Riots were being planned somewhere else.

Muslim women came to school & took away their children.

Mob came soon after and burnt the school!

From **iMac_too**

चित्र 4 : नितिन गुप्ता के साथ बातचीत में डी.आर.पी. कॉन्वेंट स्कूल के प्रिंसिपल ने बताया कि दंगे के दिन मुसलमानों ने अपने बच्चों को स्कूल नहीं भेजा था।

गवाही में कई लोगों ने दावा किया कि जो भी घटनाएँ हुईं, वे पूर्वनियोजित थीं और दंगों को अंजाम देने से पहले ही मुसलिम स्कूलों को बंद कर देना ऐसी ही एक घटना थी। 24 फरवरी, 2020 को अभिभावकों ने अपने बच्चों को स्कूल नहीं भेजा था, क्योंकि एक दिन पहले ही क्षेत्र के मुसलिम स्कूलों को बंद कर दिया गया था।[19]

प्रत्यक्षदर्शियों के बयानों से साफ है कि हमलों के लिए ऐसे समय को चुना गया था, जब घरों में केवल महिलाएँ और बच्चे हों[20] और उन्हें दंगाइयों से बचाने वाला कोई न हो।

□

19. समिति द्वारा 29.02.2020 को वीडियो से दर्ज की गई गवाही MVI_0283, MVI_0250, और MVI_0258

20. समिति द्वारा 29.02.2020 MVI_0284, MVI_0354 और 1-3-2020 को वीडियो से दर्ज की गई गवाही।

2

समिति एवं इसकी पद्धति

समिति का संविधान

हाल ही में दिल्ली के उत्तर-पूर्वी भाग में सांप्रदायिक दंगों का होना गंभीर चिंता का विषय है। पुलिस और अन्य जाँच एजेंसियाँ बारीकी से इसकी जाँच कर रही हैं। फिर भी सांप्रदायिक तनाव की प्रकृति और गंभीरता को देखते हुए 'कॉल फॉर जस्टिस' ने जाने-माने और साफ-सुथरी छविवाले सत्यनिष्ठ लोगों को आमंत्रित करते हुए सच का पता लगाने के लिए एक समिति का गठन किया, ताकि भविष्य में इस तरह की घटनाओं को टाला जा सके और समाज में विश्वास बढ़ाने के उपाय किए जा सकें। न्यायपालिका, पुलिस, प्रशासन, वैधानिक क्षेत्रों से जुड़े लोगों के अलावा सामाजिक कार्यकर्ताओं तथा दंगों की रोकथाम समेत जीवन के विभिन्न क्षेत्रों में लंबा अनुभव रखनेवाले लोगों को इस समिति का सदस्य बनाया गया, ताकि समिति एक सार्थक, निष्पक्ष और तार्किक तरीके से किसी निष्कर्ष पर पहुँच सके, जो समाज के सभी संबद्ध पक्षों के लिहाज से व्यावहारिक हो। समिति के सदस्य—

i. जस्टिस अंबादास जोशी (बंबई हाईकोर्ट के अवकाश प्राप्त जज), अध्यक्ष

ii. श्री एम.एल. मीणा (अवकाश प्राप्त आईएएस अधिकारी), सदस्य

iii. श्री विवेक दुबे (अवकाश प्राप्त आईपीएस अधिकारी), सदस्य

iv. डॉ. टी.डी. डोगरा (एम्स के पूर्व निदेशक), सदस्य
v. श्रीमती नीरा मिश्रा (सामाजिक कार्यकर्ता), सदस्य
vi. श्री नीरज अरोड़ा (अधिवक्ता), सदस्य सचिव

सच पता लगाने का तरीका

दंगों के सच का पता लगाने में समिति ने इसके विभिन्न आयामों पर विचार करते हुए समग्र दृष्टिकोण अपनाया तथा न केवल पीड़ितों, प्रत्यक्षदर्शियों, स्थानीय नेताओं, आवास कल्याण समितियों, घटनास्थलों और यू-ट्यूब, फेसबुक, ट्विटर जैसे सोशल मीडिया माध्यमों से सूचनाएँ एकत्र कीं, बल्कि दंगों के समय अन्य आधुनिक तरीके से तैयार की गई सामग्री तथा अंततः इनके प्रभाव पर भी गौर किया; इसके अतिरिक्त विभिन्न संबद्ध पक्षों से मिली जानकारी पर भी विचार किया। समिति द्वारा उठाए गए कदमों में शामिल रहा—

i. चंद 'सर्वाधिक प्रभावित और क्षतिग्रस्त इलाकों' का दौरा करना;
ii. घटनाओं, हमलावरों तथा नतीजों के बारे में पीड़ितों, प्रत्यक्षदर्शियों से बातचीत;
iii. प्रत्यक्षदर्शियों, पीड़ितों तथा अन्य लोगों से ऑडियो एवं वीडियो रिकॉर्डिंग एकत्र करना;
iv. ट्विटर, फेसबुक, इंस्टाग्राम, यू-ट्यूब जैसे सोशल मीडिया प्लेटफॉर्म से वीडियो, फोटो, स्क्रीनशॉट, संदेशों के रूप में प्रासंगिक तथा सामयिक सामग्री का संकलन;
v. ऑनलाइन सामग्री तथा अखबारों में प्रकाशित खबरों की समीक्षा।

समिति ने उपरोक्त वर्णित विभिन्न संसाधनों से एकत्र तथ्यों की समीक्षा करने के बाद निष्कर्ष निकाला और उस समय के प्रभावी राजनीतिक, सामाजिक एवं स्थानीय स्थितियों के आधार पर खाका खींचा। निष्कर्ष प्रामाणिक और विश्सनीय हों, इसके लिए समिति ने विभिन्न स्रोतों से मिल रही जानकारी के साथ इनका मिलान किया तथा यह सुनिश्चित किया कि मौखिक

गवाही, तसवीर, ऑडियो/वीडियो या खबर जैसे विभिन्न तरह के साक्ष्यों के रूप में निष्कर्ष के समर्थन में संबद्ध सामग्री हो। हालाँकि विभिन्न प्रवर्तन एजेंसियों द्वारा मामले की विस्तार से जाँच की जा रही है और यह जाँच संबंधी आवश्यक शक्तियों से ही संभव है, इस रिपोर्ट के निष्कर्ष मोटे तौर पर प्रथम दृष्टया प्रकृति के हैं, जिनका स्रोत उपलब्ध सामग्री हैं और इसकी व्याख्या इस समिति के सदस्यों ने की, जो संबद्ध क्षेत्र का व्यावहारिक ज्ञान और अनुभव रखनेवाले अत्यधिक योग्य व्यक्ति हैं।

□

3

सी.ए.ए. और इसकी संवैधानिकता

संविधान और सी.ए.ए.

26 नवंबर, 1949 को अपनाया गया भारतीय संविधान भारत की सोच प्रदर्शित करनेवाले संभवत: सर्वाधिक उदार दस्तावेजों में से एक है तथा इसकी प्रस्तावना हमारे इरादों की दृढ़ अभिव्यक्ति है। इसके शब्द हमें सोचने को बाध्य करते हैं तथा वैचारिक प्रक्रिया की उस भव्यता को प्रदर्शित करते हैं, जिसमें धर्म और न्यायबद्धता की मान्यता और सिद्धांत अंतर्निहित हैं और जो युगों से भारत की सभ्यता के लोकाचार का आधार रहे हैं। संविधान को जब अपनाया गया तो इसकी प्रस्तावना ऐसे थी—

हम भारत के लोग, भारत को एक संपूर्ण प्रभुत्व संपन्न लोकतंत्रात्मक गणराज्य बनाने के लिए तथा उसके समस्त नागरिकों को :

न्याय, सामाजिक, आर्थिक और राजनीतिक;

विचार, अभिव्यक्ति, विश्वास, धर्म और उपासना की स्वतंत्रता;

प्रतिष्ठा और अवसर की समानता;

तथा उन सबमें व्यक्ति की गरिमा और राष्ट्र की एकता और अखंडता सुनिश्चित करनेवाली बंधुता बढ़ाने के लिए,

दृढ़ संकल्प होकर अपनी इस संविधान सभा में आज तारीख 26 नवंबर, 1949 ई. को एतद्द्वारा इस संविधान को अंगीकृत, अधिनियमित और आत्मार्पित करते हैं।

वर्ष 1976 में संविधान में 42वें संशोधन के जरिए 'समाजवादी' और 'पंथनिरपेक्ष' शब्द जोड़े गए और इस तरह प्रस्तावना में 'संप्रभु, समाजवादी, पंथनिरपेक्ष, लोकतंत्रात्मक गणराज्य' हो गया तथा इसके साथ ही 'राष्ट्र की एकता' को भी बदलकर 'राष्ट्र की एकता और अखंडता' कर दिया गया।

अतः एक देश के रूप में भारत सभी समुदायों और सभी धार्मिक समूहों के लिए है, यह विचार शुरू से ही संविधान में निहित है। बेशक यह भारत के नागरिकों पर लागू होता है तथा गैर-नागरिकों पर नहीं। हालाँकि भारत का विभाजन धार्मिक आधार पर हुआ और इसी आधार पर एक मुसलिम देश के तौर पर पाकिस्तान का जन्म हुआ। पाकिस्तान में बड़ी संख्या में हिंदू, ईसाई, सिख समेत अन्य धार्मिक अल्पसंख्यक रह गए, जो असुरक्षित थे और जिनका अस्तित्व खतरे में था।

सन् 1955 में भारत सरकार ने नागरिकता अधिनियम पारित किया, जिसमें विदेशियों के लिए भारतीय नागरिकता हासिल करने के दो रास्ते थे। अविभाजित भारत के वे लोग, जो पाकिस्तान से शरणार्थी के रूप में आए, उन्हें भारत में निवास के सात वर्षों के बाद पंजीकरण के आधार पर नागरिकता दी जाती थी। अन्य देशों से आए लोगों को देश में बारह वर्षों के निवास के बाद प्राकृतिकीकरण (नैचुरलाइजेशन) के आधार पर नागरिकता देने का प्रावधान था। 1955 के असम समझौते के बाद नागरिकता अधिनियम में संशोधन किया गया, जब राजीव गांधी के नेतृत्ववाली सरकार विदेशी नागरिकों की पहचान करने, मतदाता सूची से उनका नाम हटाने तथा उन्हें देश से निष्कासित करने को सहमत हो गई। नागरिकता अधिनियम में इसके बाद 1992, 2003, 2005 और 2015 में भी संशोधन किए गए।

दिसंबर 2003 में वाजपेयी के नेतृत्ववाली एन.डी.ए. सरकार ने नागरिकता (संशोधन) अधिनियम-2003 पारित किया, जिसमें अवैध प्रवासियों को पंजीकरण या प्राकृतिकीकरण के आधार पर नागरिकता पाने के लिए आवेदन करने के अयोग्य कर दिया गया। उनके बच्चों को भी अवैध

अप्रवासी घोषित कर दिया गया। 2003 के संशोधन में भारत सरकार के लिए यह भी अनिवार्य कर दिया गया कि वह नागरिकों का राष्ट्रीय रजिस्टर बनाए।

उस बिल को तब भारतीय राजनीति के सभी वर्गों से समर्थन मिला और तब नेता प्रतिपक्ष डॉ. मनमोहन सिंह ने संसद् में बहस के दौरान कहा कि बांग्लादेश समेत अन्य देशों में उत्पीड़न का सामना कर रहे अल्पसंख्यक समुदायों से संबंधित शरणार्थियों को नागरिकता देने की शर्तों को उदार बनाया जाना चाहिए।

नागरिकता संशोधन अधिनियम

2014 में भाजपा के नेतृत्व में एनडीए गठबंधन के सत्ता में आने के बाद पाकिस्तान, अफगानिस्तान और बांग्लादेश के गैर–मुसलिम प्रवासियों को भारतीय नागरिकता के योग्य बनाने के लिए संसद् में एक विधेयक पेश किया गया। यह विधेयक लोकसभा में पारित हो गया, लेकिन इसे राज्यसभा से पारित नहीं कराया जा सका। 19 जुलाई, 2016 को इसे एक बार फिर नागरिकता (संशोधन) विधेयक, 2016[21] के रूप में फिर से लोकसभा में पेश किया गया और उसके बाद 12 अगस्त, 2016 को इसे संयुक्त संसदीय समिति के पास भेजा गया, जिसने 7 जनवरी, 2019 को संसद् को अपनी रिपोर्ट सौंप दी। उच्च सदन के विचारार्थ यह लंबित रहा और 16वीं लोकसभा के भंग होने के साथ ही इसका समय समाप्त हो गया।

सत्रहवीं लोकसभा के गठन के बाद केंद्रीय मंत्रिमंडल ने 4 दिसंबर, 2019 को नागरिकता (संशोधन) विधेयक, 2019 को संसद् में पेश किए जाने के लिए मंजूर किया। सत्रहवीं लोकसभा में इस विधेयक को 9 दिसंबर, 2019 को लोकसभा में पेश किया गया और 10 दिसंबर, 2019 को यह पारित हो गया। 311 सांसदों ने इसके पक्ष में और 80 ने विरोध में मतदान किया। 11

21. एक्सप्लेंड डेस्क, एक्सप्लेंड : वाई दि सिटिजनशिप अमेंडमेंट बिल इज डेड, फॉर नाउ, (13/02/2019), https://indianexpress.com/article/explained/explained-why-the-citizenship-amendment-bill-is-dead-for-now-5582573/.

नवंबर, 2019 को राज्यसभा ने इस विधेयक को पारित कर दिया जहाँ इसके पक्ष में 125 और विपक्ष में 105 वोट पड़े। भारत के राष्ट्रपति से मंजूरी मिलने के बाद 12 दिसंबर, 2019 को यह विधेयक एक कानून बन गया।

नागरिकता (संशोधन) अधिनियम (सी.ए.ए.) के विरुद्ध समाज के कुछ वर्गों ने प्रदर्शन किया और इनमें से ज्यादातर लोगों को पता ही नहीं था कि इस अधिनियम में वास्तव में क्या है। काल्पनिक आशंकाएँ फैलाई गईं और स्वयं प्रधानमंत्री मोदी समेत सरकार की ओर से बार-बार यह आश्वासन देने के बाद भी कि यह अधिनियम भारत के किसी भी नागरिक के विरुद्ध नहीं है और यह इसलामी देशों पाकिस्तान, अफगानिस्तान और बांग्लादेश में धार्मिक उत्पीड़न का सामना कर रहे छोटे से समूह को नागरिकता देने के बारे में है, फिर भी देश के कुछ हिस्सों में विरोध प्रदर्शन जारी रहा। इससे यह धारणा मजबूत हुई कि वास्तव में यह विरोध जान-बूझकर किया जा रहा है और इसके पीछे एक छिपा एजेंडा है।

यह ध्यान देने योग्य है कि सी.ए.ए. संविधान के किसी भी प्रावधान का उल्लंघन नहीं करता है, जैसा कि कुछ लोग कह रहे हैं। झूठी चिंताएँ जाहिर की जा रही हैं कि सी.ए.ए. भारत के संविधान के अनुच्छेद 14, 15 और 21 के विरुद्ध है। सी.ए.ए. केवल यह परिभाषित करता है कि किसे अप्रवासी माना जा सकता है और उसने नागरिकता के लिए विचार योग्य वैध अवधि की सीमा को 11 वर्ष से घटाकर 5 वर्ष कर दिया है। इसमें यह भी क्लॉज जोड़ा गया है कि ऐसे लोगों पर काररवाई नहीं की जा सकती। यह किसी भी तरह से अनुच्छेद 14 का उल्लंघन नहीं है, जिसमें कहा गया है कि "राज्य भारत की भौगोलिक सीमाओं के भीतर किसी भी व्यक्ति को कानून के समक्ष समानता या कानूनों के बराबर संरक्षण से इनकार नहीं करेगा।" भारतीय नागरिकों के बीच इस मामले में कोई भेदभाव नहीं किया जा सकता। जहाँ तक अवैध प्रवासियों की बात है, इसमें भी सी.ए.ए. अनुच्छेद 14 का उल्लंघन नहीं करता है, क्योंकि समानता की अवधारणा उन लोगों पर लागू होती है, जो समान

स्थिति में होते हैं। सी.ए.ए. इसलामिक देशों के उत्पीड़ित अल्पसंख्यकों के लिए है और ऐसे सभी अल्पसंख्यकों के साथ बराबरी का व्यवहार किया जा रहा है। अनुच्छेद 15 केवल भारतीय नागरिकों पर लागू होता है, इसलिए इसके प्रावधान का उल्लंघन नहीं हो रहा है। इसी तरह, अनुच्छेद 21 जो कहता है कि "कानून द्वारा स्थापित प्रक्रिया को छोड़कर किसी भी व्यक्ति को उसके जीवन या व्यक्तिगत स्वतंत्रता से वंचित नहीं किया जा सकता" का भी सी.ए.ए. से उल्लंघन नहीं होता। इसके अतिरिक्त विधेयक को पास कराने में किसी भी तरह की कोई कमी नहीं रही। इसे निर्धारित प्रक्रिया के मुताबिक संसद् में चर्चा के बाद दोनों सदनों से पारित कराया गया। जो भी हो, सी.ए.ए. की संवैधानिकता का मामला शीर्ष अदालत के पास विचाराधीन है और सभी संबंधित लोगों के लिए अच्छा होगा कि इस मामले पर पहले फैसला न सुनाए।

हालाँकि लगातार गलत व्याख्या और दुष्प्रचार के कारण जनता के बीच गलतफहमी पैदा हुई और पूरे देश में विरोध प्रदर्शन होने लगे। देशभर में विभिन्न जगहों पर विभिन्न सामाजिक समूहों, राजनीतिक कार्यकर्ताओं, छात्र-समूहों ने विरोध प्रदर्शन शुरू किया और राजनीतिक दलों को भी इससे जमीन मिल गई। राष्ट्रीय राजधानी में कई जगहों पर दिनभर चलनेवाला धरना शुरू किया गया, फिर उसके बाद खजूरीखास, सीलमपुर एवं विशेष रूप से शाहीनबाग में चौबीस घंटे चलने वाला धरना शुरू हुआ। सड़कों के लगातार अवरुद्ध होने के कारण जनता को हो रही असुविधा के कारण फरवरी के चौथे सप्ताह में सी.ए.ए. समर्थकों के एक समूह ने सी.ए.ए. प्रदर्शनकारियों के खिलाफ प्रदर्शन शुरू किया।

□

4

भौगोलिक आयाम

क्षेत्र

दिल्ली का उत्तर-पूर्वी जिला 62 वर्ग किलोमीटर के क्षेत्र में फैला है और यहाँ जनसंख्या घनत्व 36,155 प्रति वर्ग किमी. है, जो दिल्ली के किसी भी जिले की तुलना में सर्वाधिक है। यहाँ की जनसंख्या वृद्धि दर भी दिल्ली में सर्वाधिक है और यह 26.8 फीसदी[22] है।

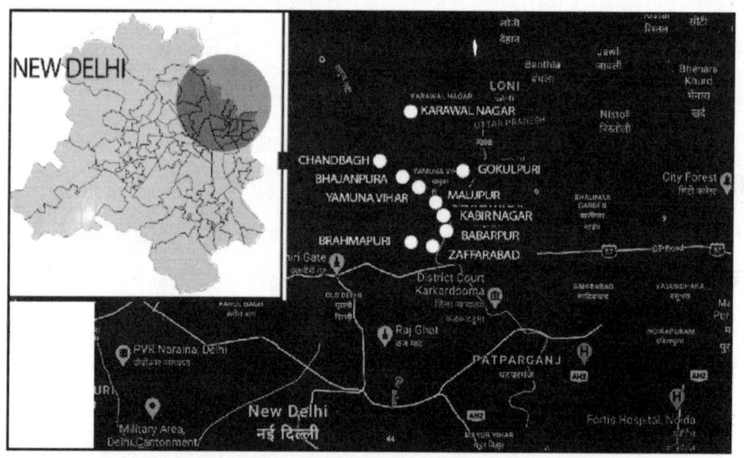

चित्र 5 : दिल्ली के उत्तर-पूर्वी जिले तथा दंगा प्रभावित क्षेत्रों को दरशाता मानचित्र।

22. प्राइमरी डाटा ऐब्सट्रैक्ट, एन.सी.टी. ऑफ दिल्ली, सेंसस ऑफ इंडिया 2011, पेज-2, (28/07/2011)।

निर्वाचन क्षेत्र तिमारपुर

दिल्ली के उत्तर-पूर्वी जिले में एक सांसद, मनोज कुमार तिवारी (भाजपा), और 10 विधायक हैं। विधानसभा क्षेत्र और उसके निर्वाचित प्रतिनिधि हैं—

I.	बुराड़ी	संजीव झा	(आ.आ.पा.)
II.	तिमारपर	दिलीप पांडे	(आ.आ.पा.)
III.	सीमापुरी	राजेंद्र पाल गौतम	(आ.आ.पा.)
IV.	रोहतास नगर	जितेंद्र महाजन	(भाजपा)
V.	सीलमपुर	अब्दुल रहमान	(आ.आ.पा.)
VI.	घोंडा	अजय महावर	(भाजपा)
VII.	बाबरपुर	गोपाल राय	(आ.आ.पा.)
VIII.	गोकुलपुरी	सुरेंद्र कुमार	(आ.आ.पा.)
IX.	मुस्तफाबाद	मो. हाजी युनूस	(आ.आ.पा.)
X.	करावल नगर	मोहन सिंह बिष्ट	(भाजपा)

आबादी

प्राथमिक जनसंख्या सार, भारतीय जनगणना 2011[23] के अनुसार दिल्ली के उत्तर-पूर्वी जिले में मुसलिम आबादी इस प्रकार है—

कुल जनसंख्या	22,41,624
हिंदू जनसंख्या	15,29,337 (68.22%)
मुसलिम जनसंख्या	6,57,585 (29.34)

उपरोक्त चार्ट में दिखाए गए प्रभावित क्षेत्रों में वे क्षेत्र शामिल हैं, जिनमें या तो हिंदुओं और मुसलमानों की मिश्रित आबादी है या फिर हिंदू अथवा मुसलिम बहुल क्षेत्रों से सटे हैं।

---

23. वही 8

अपराध का गढ़

सीलमपुर मुसलिम बहुल इलाका है और यह सी.ए.ए. विरोधी प्रदर्शन के पहले चरण का गढ़ था। 17 दिसंबर, 2019 को यह इलाका हिंसा, लूटपाट, पत्थरबाजी और आम लोगों के अलावा पुलिसकर्मियों पर हमले का गवाह बना और सी.ए.ए. विरोधी प्रदर्शनकारियों से सड़कें पट गईं। उन्होंने जमकर पत्थरबाजी की। 'अल्लाहू अकबर' के नारों के साथ दिल्ली परिवहन निगम (डी.टी.सी.) बसों, स्कूल बसों और निजी वाहनों में तोड़फोड़ की गई। परिणामस्वरूप, दिल्ली पुलिस ने 20 दिसंबर, 2019 को सीलमपुर में फ्लैग मार्च किया और ड्रोन से निगरानी की जाने लगी। गौर करनेवाली बात है कि इस क्षेत्र में बांग्लादेशी प्रवासी भी रहते हैं[24] और दिसंबर 2018 में एनआईए ने जाफराबाद में सक्रिय इसलामिक स्टेट (आई.एस.) के एक मॉड्यूल के खिलाफ काररवाई करते हुए पाँच लोगों को गिरफ्तार किया था। एन.आई.ए. ने इस छापे में 120 घड़ियाँ, 25 किलो विस्फोटक, 100 फोन, 135 सिम कार्ड और एक देसी रॉकेट लाञ्चर बरामद किया था। अप्रैल 2019 में एक अन्य आई.एस. समर्थक मॉड्यूल हरकत-उल-हरब-ए-इसलाम के एक सदस्य को एन.सी.आर. और इसके आसपास आतंकवादी गतिविधियों को अंजाम देने के लिए हथियार और गोली-बारूद खरीदने के आरोप में गिरफ्तार किया गया था। जनवरी 2020 में दिल्ली पुलिस के स्पेशल सेल ने वजीराबाद इलाके में मुठभेड़ के बाद आई.एस. के तीन आतंकवादियों को गिरफ्तार[25] किया था।

इनके अलावा दंगा-पीड़ितों ने भी अपने इलाकों में हुए दंगों में बाहरी

---

24. आउटलुक : इंडिया बांग्लादेशी मुसलिम्स बिहाइंड सीलमपुर वॉयलेंस : रिपोर्ट, (17/12/2019), https://www.outlookindia.com/newsscroll/bangladeshi-muslims-behind-seelampur-violence-report/1688219.

25. याज्ञसेनी, स्वराज्य, एक्सप्लेंड : नॉथ ईस्ट दिल्ली रायट्स-फ्रॉम टेरर हॉटबेड एंड इन्फ्लक्स ऑफ बांग्लादेशी इल-लीगल्स, टु 70-डे सीज एंड इकोनॉमिक क्योस, (29/02/2020), https://swarajyamag.com/politics/explained-northeast-delhi-riots-from-terror-hotbed-and-influx-of-bangladeshi-illegals-to-70-day-siege-and-economic-chaos

लोगों[26] के शामिल होने की बात कही। कई लोगों ने इसके लिए बड़ी संख्या में आए अवैध आप्रवासियों को जिम्मेदार ठहराया, जिनके कारण क्षेत्र में तेजी से जनसांख्यिकीय बदलाव आया और अपराध में भी बेतहाशा तेजी आई।

हालाँकि तमाम लोगों ने दंगों को स्वतः भड़की भीड़ हिंसा के तौर पर चित्रित किया, लेकिन थोड़ा गहराई से देखने से साफ हो जाता है कि उत्तर-पूर्वी जिले में जनसांख्यिकीय परिवर्तन ने इसे संवेदनशील बना दिया है और लोगों को भड़काकर हिंसा फैलाने के लिहाज से यह एक पसंदीदा लक्ष्य बन गया है। सी.ए.ए. बनने के तुरंत बाद सीलमपुर और जाफराबाद इलाके में हुई घटनाएँ और अब सामने आ रहे साक्ष्य बताते हैं कि लंबे समय से यहाँ दंगों के हालात थे।

□

26. समिति द्वारा 01.03.2020, 1-3-2020 को वीडियो से दर्ज की गई गवाही।

5

समिति द्वारा की गई जाँच

प्रभावित क्षेत्रों का दौरा

समिति के सदस्यों की टीम ने 29.02.2020 और 01.03.2020 को फोटोग्राफरों/वीडियोग्राफरों के साथ दंगा प्रभावित क्षेत्रों का दौरा किया और पीड़ितों, चश्मदीदों से पूछताछ कर उनकी गवाही दर्ज की तथा दंगों के दौरान संपत्तियों के हुए नुकसान का जायजा लिया, जो इस प्रकार है—

समिति ने बी–2 ब्लॉक, यमुना विहार, भजनपुरा, दिल्ली में पेट्रोल पंप और उसके आसपास के क्षेत्र का दौरा किया और 23–26/02/2020 के बीच हुए दंगों के संबंध में इलाके के लोगों से पूछताछ की, जिससे पता चलता है कि

(1) बी–2 ब्लॉक स्थित पेट्रोल पंप पहली संपत्ति थी, जिसे उपद्रवियों ने 24.02.2020 को दोपहर लगभग 1 बजे पेट्रोल और डीजल डालकर आग के हवाले कर दिया था।

चित्र 6 : यमुना विहार इलाके में आग के हवाले किया गया पेट्रोल पंप।

(2) बी-2 ब्लॉक, यमुना विहार के निवासी जुगनू सेठी ने अपनी गवाही में बताया कि सी.ए.ए. के खिलाफ प्रदर्शन के लिए रुपए उन बाहरी लोगों ने मुहैया कराए थे, जो स्थानीय लोगों की मदद से प्रदर्शन करा रहे थे। प्रदर्शन में शामिल होने के लिए महिलाओं को प्रति शिफ्ट 500 और पुरुषों को प्रति शिफ्ट 700-800 रुपए दिए जा रहे थे।[27] यह प्रदर्शन वहाँ डेढ़ महीने से 8-8 घंटे की दो शिफ्टों में किया जा रहा था। दंगों को पूर्व नियोजित तरीके से अंजाम दिया गया और इसकी सारी तैयारी पहले ही की जा चुकी थी तथा इसका पता इस बात से चलता है कि 24.02.2020 को मुसलिम स्कूल सुबह ही बंद कर दिए गए थे और यहाँ तक कि एच.डी.एफ.सी. बैंक की एक शाखा, जिसका प्रबंधक मुसलिम समुदाय से है, को भी बंद कर दिया गया था, दंगाई लाठी, पेट्रोल बम, एसिड पैकेट समेत अन्य हथियारों से लैस थे।[28]

---

27. twitter.com/Harishp1983/status/1233651613715202048
28. समिति द्वारा 29.02.2020 को बी-2 ब्लॉक, यमुना विहार में दर्ज की गई वीडियो गवाही, MVI_0250.

(3) उसी इलाके के निवासी संजोग चौहान, जो 24/02/2020 को भीड़ द्वारा पथराव में घायल हो गए थे, ने बताया कि दंगाइयों की भीड़ में ज्यादातर बाहरी लोग थे, जिसमें 19–20 वर्ष के लड़के भी थे।[29]

(4) यमुना विहार, सी–12 ब्लॉक की निवासी अंजलि गुप्ता ने बताया कि पूरा दंगा पूर्व नियोजित था, जिसके बारे में मुसलिम समुदाय को अच्छी तरह जानकारी थी और इसी कारण उन्होंने अपने बच्चों को 24/02/2020 को स्कूल नहीं भेजा।[30]

(5) नवनीत गुप्ता, जो उसी इलाके में एक कोचिंग सेंटर चलाते हैं,

29. समिति द्वारा 29.02.2020 को यमुना विहार में दर्ज की गई वीडियो गवाही, MVI_0255.

30. समिति द्वारा 29.02.2020 को सी ब्लॉक, यमुना विहार में दर्ज की गई वीडियो गवाही, MVI_0258.

ने बताया कि भीड़ ने लगातार पत्थरबाजी करके उनके कोचिंग सेंटर को काफी नुकसान पहुँचाया। उन्होंने यह भी बताया कि भीड़ में बाहरी लोग शामिल थे।[31]

(6) प्रीति गर्ग, उसी कोचिंग सेंटरवाली इमारत में पहली मंजिल पर रहती हैं। उन्होंने कहा कि 24/02/2020 को दोपहर लगभग 02.30 बजे भीड़ ने उनके घर को आग लगा दी, जिसके कारण उनका घर आग और धुएँ से भर गया; उन्हें जान बचाने के लिए बच्चों के साथ पहली मंजिल से कूदना पड़ा।[32]

(7) यमुना विहार के बी-ब्लॉक के निवासी प्रेम खंडेलवाल ने समिति को बताया कि दंगाइयों ने अपने लक्ष्यों को पहले से ही तय कर रखा था और बाजार क्षेत्र में सी.ए.ए. के समर्थन में लगा एक पोस्टर स्पष्ट संकेत दे रहा था कि इस क्षेत्र के लोग सी.ए.ए. का समर्थन करते हैं और इस कारण हमलावरों ने उसे निशाना बनाया।[33]

(8) समिति के सदस्यों के सामने अपनी गवाही में एक व्यक्ति ने बताया कि दंगे पूर्वनियोजित थे और इसकी सारी तैयारी काफी पहले से कर ली गई थी, क्योंकि 'फहान इंटरनेशनल स्कूल' नाम के मुसलिम स्कूल में 24/02/2020 के लिए पहले ही छुट्टी कर दी गई थी और दंगाइयों ने पहले से तय इलाकों में खास-खास जगहों को निशाना बनाते हुए आगजनी और लूटपाट की।[34] क्षेत्र में मोहन नर्सिंग होम नाम के अस्पताल में तोड़फोड़

31. समिति द्वारा 29.02.2020 को दर्ज की गई वीडियो गवाही, MVI_0272.

32. वही

33. समिति द्वारा 29.02.2020 को दर्ज की गई वीडियो गवाही, MVI_028।

34. अनुमप कुमार सिंह, ऑपइंडिया, शिव विहार ग्राउंड रिपोर्ट : टेल ऑफ टू स्कूल्स, वन ओंड बाइ ए मुसलिम यूज्ड एज ए वॉर बेस, दि अदर, ओंड बाइ ए हिंदू, गटेड बाई इस्लामिस्ट्स, (29/02/2020), https://www.opindia.com/2020/02/delhi-anti-hindu-riots-ground-report-shiv-vihar-rajdhani-school-drp-school/.

की गई। इसके अलावा 'फेयर डील' नाम के मारुति शोरूम को भी आग लगा दी गई, जो चाँदबाग में सड़क के दूसरी ओर था। मारुति शोरूम के बगल में स्थित शराब की दुकान में लूटपाट की गई और अन्य संपत्तियों को आग के हवाले करने में यहाँ से लूटी हुई शराब की बोतलों का इस्तेमाल किया गया। लेकिन वहीं जावेद हबीब नाम का एक सैलून था, जिसे छोड़ दिया गया, क्योंकि वह एक मुसलमान का था।[35]

(9) गवाही के दौरान एक महिला ने बताया कि दंगों का समय बहुत सोच-समझकर इस तरह तय किया गया था कि इलाके के पुरुष आम तौर पर काम-धंधे के लिए बाहर गए हों और घरों में अपने बचाव के लिए महिलाएँ और बच्चे अकेले हों। इसके अतिरिक्त दंगों के बाद शाम में पुरुष समय पर नहीं लौट सके, क्योंकि ज्यादातर सड़कें अवरुद्ध/बंद थीं और मेट्रो सेवा भी रोक दी गई थी।[36]

(10) गवाही के दौरान एक व्यक्ति ने बताया कि भीड़ न केवल पथराव कर रही थी, बल्कि लोग एसिड पैकेट भी फेंक रहे थे, जिन्हें वे साथ लेकर आए थे। इस कारण इलाके का पूरा बाजार बंद हो गया।[37]

(11) जयबीर सिंह की मुसलिम बहुल इलाके नूर-ए-इलाही में दुकान है। उन्होंने बताया कि भीड़ ने क्षेत्र में स्थित हिंदुओं की दो दुकानों को ही लूटा। शर्माजी के 'गंगा मेडिकल स्टोर' और 'मिश्रा पान भंडार' को लूटने के बाद आग लगा दी गई। मुसलमानों ने इमारतों की छत पर पत्थर और पेट्रोल बम इकट्ठा कर रखे थे, इनसे उन लोगों ने हिंदुओं पर हमला किया। बाहरी लोगों का

35. समिति द्वारा 29.02.2020 को दर्ज की गई वीडियो गवाही, MVI_0283।

36. समिति द्वारा 29.02.2020 और 1.3.2020 को दर्ज की गई वीडियो गवाही, MVI_0284, MVI_0354.

37. समिति द्वारा 29.02.2020 को दर्ज की गई वीडियो गवाही, MVI_0298.

नेतृत्व स्थानीय लोग कर रहे थे। हाजी नाम के एक व्यक्ति ने हमले के लिए पत्थरों का इंतजाम करने में भीड़ की मदद की।[38]

(12) गवाही के दौरान एक अन्य व्यक्ति ने भी बताया कि स्थानीय लोग दंगों का नेतृत्व कर रहे थे और उन्होंने भीड़ का नेतृत्व करने वाले लोगों में से दो के नाम दानिश और हाजी इसलाम बताए।[39]

(13) यमुना विहार क्षेत्र के पार्षद प्रमोद गुप्ता ने बताया कि दंगाई मुसलमानों के दो झुंड दो तरफ से आए। एक नूर-ए-इलाही की ओर से और दूसरी चाँदबाग की तरफ से। फिर दोनों झुडों ने एक साथ इमारतों पर हमला किया और सड़क के किनारे खड़े वाहनों को जला दिया; केसरिया रेस्तराँ नाम के एक होटल को आग लगा दी।[40]

(14) सतीश गुप्ता जो पूर्वी दिल्ली के यमुना विहार, बी-1/14ए स्थित इलाहाबाद बैंक में काम करते हैं, ने कहा कि 24/02/2020 को दोपहर करीब 01:30 बजे चाँदबाग की तरफ से एक भीड़ आई और उसने सड़क के दोनों ओर खड़ी गाड़ियों में पेट्रोल बम का इस्तेमाल कर आग लगाना शुरू कर दिया। पेट्रोल पंपवाले कोने से लेकर सड़क के अंत तक जहाँ आनंद सागर है, सड़क के किनारे खड़ी की गई सभी गाड़ियों को जला दिया गया। मोहन नर्सिंग होम के एंबुलेंस को भी जला दिया गया। दंगाइयों का एक झुंड चाँदबाग की ओर से आया था। दूसरा नूर-ए-इलाही की ओर से और देखते-देखते यमुना विहार का पूरा इलाके को दोनों ओर से दंगाइयों ने घेर लिया था। 15-25 साल के लोगों ने हिंदुओं के घरों पर पत्थरों और पेट्रोल बमों से हमला किए। उन्होंने एक घटना का भी जिक्र किया, जिसमें

38. समिति द्वारा 29.02.2020 को दर्ज की गई वीडियो गवाही, MVI_0312, MVI_0313.
39. समिति द्वारा 29.02.2020 को दर्ज की गई वीडियो गवाही, MVI_0322.
40. समिति द्वारा 29.02.2020 को दर्ज की गई वीडियो गवाही, MVI_0345.

दंगाई एक गाड़ी को आग लगाने ही जा रहे थे कि उन्हें पता चला कि वह गाड़ी एक मुसलमान की है और यह जानते ही उस गाड़ी को छोड़ दिया।[41]

(15) सी–12 ब्लॉक, यमुना विहार में रहनेवाली महिलाओं के एक समूह ने समिति के सदस्यों को बताया कि 24/02/2020 को कर्दमपुरी इलाके की मुसलिम महिलाएँ काम पर नहीं आईं और उस क्षेत्र में काम कर रहे मुसलिम दिहाड़ी मजदूर भी दंगा भड़कने के पहले ही वापस चले गए थे। उन महिलाओं ने जानकारी दी कि दंगों से एक दिन पहले ही एक फल विक्रेता ने बताया था कि 7,000 लोग ईदगाह में जमा हुए हैं और ये लोग इस इलाके में अंतिम लड़ाई के लिए आए हैं। एक अन्य महिला ने बताया कि 24 फरवरी, 2020 की आधी रात से लेकर 25 फरवरी, 2020 को रात 01:30–03:00 बजे के दौरान मसजिद से लगातार घोषणा करके मुसलमानों को आकर नमाज पढ़ लेने के लिए कहा जा रहा था।[42]

इन महिलाओं ने यह भी बताया कि इलाके में कुछ पुलिस अधिकारी भी मौजूद थे और जब उनसे मदद करने के लिए कहा गया तो उन्होंने बस इतना कहा कि उनके पास काररवाई करने का आदेश नहीं है।[43]

5.1.2. 01/03/2020 को समिति के सदस्यों ने चाँदबाग, बृजपुरी और शिव विहार इलाकों का दौरा किया और निम्नलिखित व्यक्तियों से पूछताछ की—

(1) सोनू से चाँदबाग की मुख्य सड़क के पास पूछताछ की गई, जहाँ फेयर डील मारूति शोरूम के अलावा शराब की एक दुकान जला दी गई थी। उसने बताया कि वहाँ तो दो महीनों से सी.ए.ए.

---

41. समिति द्वारा 29.02.2020 को दर्ज की गई वीडियो गवाही, MVI_0346.
42. समिति द्वारा 29.02.2020 को दर्ज की गई वीडियो गवाही, MVI_0354, MVI_0359.
43. समिति द्वारा 29.02.2020 को दर्ज की गई वीडियो गवाही, MVI_0354, MVI_0359.

के खिलाफ प्रदर्शन हो रहा था, लेकिन सोमवार 24/02/2020 को अचानक क्षेत्र में स्थिति तनावपूर्ण हो गई, जिससे दंगा भड़क गया। दुकान पर मौजूद एक अन्य व्यक्ति ने बताया कि भीड़ ने फेयर डील शोरूम से गाड़ियाँ भी लूट लीं।[44]

(2) चाँदबाग इलाके में वर्ष 1979 से रह रहे चौधरी भीम सिंह ने अपने बयान में कहा कि भीड़ में बाहरी लोग शामिल थे, जिसमें कम उम्र के लड़के भी थे।[45]

(3) चाँदबाग के निवासी विनोद ने बताया कि सी.ए.ए. के खिलाफ प्रदर्शन कर रहे लोगों का एक शिविर था और 24 फरवरी को हथियार, तेजाब और पेट्रोल बम आदि से लैस भीड़ ने 'आजादी' के नारे के साथ मार्च किया। इन लोगों ने अपने चेहरे को तो कपड़े से ढक रखे थे या हेलमेट पहन रखे थे। भीड़ सड़क को बंद करने का प्रयास कर रही थी, जबकि पुलिस उसे खोले रखने की कोशिश कर रही थी। इसी बीच यह अफवाह फैली कि पुलिस की गोली से एक लड़का मारा गया है। इसके बाद भीड़ आक्रामक हो गई और शराब की एक दुकान को लूट लिया गया और लूटी गई शराब की बोतलों का इस्तेमाल वहाँ की और संपत्तियों को जलाने के लिए किया गया। सबसे पहले मुसलमानों ने हिंदुओं की संपत्तियों को जलाया, जिसके अगले दिन हिंदुओं ने इसका जवाब दिया। मुसलमानों तथा उनकी संपत्तियों को निशाना बनाया। वहाँ पर्याप्त पुलिस नहीं थी एवं रतन लाल को प्रदर्शनकारियों की गोली लग जाने के बाद पुलिस मौके से भाग गई। प्रदर्शनकारियों ने डी.सी.पी. की गाड़ी को आग लगा दी और डी.सी.पी. पर भी हमला किया, जिसमें वह बुरी तरह घायल हो गए। जिस किसी ने घटना की वीडियो बनाने की कोशिश की,

44. समिति द्वारा 01.03.2020 को दर्ज की गई वीडियो गवाही।

45. वही

भीड़ ने उस–उस व्यक्ति पर भी हमला किया।[46]

(4) बृजपुरी के निवासी महेश ने बताया कि स्थानीय मुसलमानों ने लक्ष्य की पहचान करने में बाहरी लोगों की मदद की और केवल हिंदुओं की संपत्तियों को चुन–चुनकर निशाना बनाया गया। उन्होंने कहा कि स्थानीय विधायक हाजी यूनुस क्षेत्र में शांति बनाए रखने के बहाने आए और उन्होंने लक्ष्यों की पहचान की तथा बाद में यह जानकारी दंगाइयों को दे दी, जिसके कारण बाद में दंगाइयों ने इस तरह पहचाने गए लक्ष्यों को निशाना बनाया। उन्होंने बताया कि दो महीने से लगातार मसजिदों से होनेवाले नियमित अजान के दौरान स्थानीय मुसलमानों को सड़क पर आकर लड़ने के लिए कहा जा रहा था।[47]

(5) चेतन शर्मा, जिनके घर को भीड़ ने आग लगा दी थी, ने बताया कि समुदाय विशेष की भीड़ दोपहर बाद 03:30 से 04:00 बजे के बीच ऊपर की मंजिल से उसके घर में घुस गई और पैसे, गहने आदि लूट लिये। उन्होंने बताया कि 28 लाख नकद और 700 ग्राम सोना लूट लिया गया।[48]

(6) अरुण मॉडर्न स्कूल चलानेवाले अभिषेक शर्मा ने बताया कि भीड़ ने 25 फरवरी, 2020 को स्कूल पर कब्जा कर लिया। पुलिस की मदद का अनुरोध किया गया, लेकिन पुलिस ने आदेश न होने के कारण कोई काररवाई नहीं की।[49]

(7) 30 साल से इलाके में रह रहे मुसलिम समुदाय के शमशाद ने समिति को बताया कि भीड़ में बाहरी लोग शामिल थे। उन्होंने माना कि हर रात अजान के दौरान 'मुसलमानों को अंतिम लड़ाई

---

46. वही
47. वही
48. वही
49. वही

के लिए सड़क पर उतरने' के लिए कहना गलत था और ऐसा नहीं होना चाहिए था। उन्होंने यह भी बताया कि बाहरी लोग आधी रात को आए और सुबह उन्होंने दंगों की शुरुआत कर दी।[50]

(8) इलाके में रहनेवाले दिलीप ने बताया कि एक स्थानीय विधायक ने अपने घर से लोगों को पथराव करने दिया और यह बात डी.आर.पी. पब्लिक स्कूल की प्रभारी के बयान से भी स्पष्ट होती है। उस महिला प्रभारी ने बताया कि यह स्कूल 1998 से है और अब इसमें 1200 छात्र पढ़ते हैं तथा 24 फरवरी, 2020 को स्कूल में नियमित गतिविधियां चल रही थीं, लेकिन अचानक 11 बजे के आसपास मुसलिम लोग अपने-अपने बच्चों को स्कूल से वापस ले जाने के लिए आने लगे। पूछने पर उन लोगों ने बताया कि एन.आर.सी. को लेकर बाहर भीड़ जमा हो गई है। यह सुनकर स्कूल स्टाफ ने बच्चों को ले जाने दिया। लेकिन तभी स्कूल स्टाफ का ध्यान इस बात की ओर गया कि केवल मुसलिम ही अपने बच्चों को ले जा रहे हैं और कोई हिंदू अपने बच्चे को ले जाने के लिए नहीं आया। इसके बाद स्कूल ने बाकी अभिभावकों को फोन किया और उन्हें अपने बच्चों को ले जाने के लिए कहा; फिर दोपहर 1 बजे स्कूल बंद कर दिया गया। इसके तुरंत बाद मुसलिमों की भीड़ स्कूल में घुस गई और लैपटॉप समेत स्कूल की संपत्तियाँ लूट ली गईं। 24 फरवरी, 2020 को स्कूल पर तीन बार हमला किया गया, पुलिस को आने के लिए कहा गया, लेकिन पुलिस अगले दिन यानी 25 फरवरी, 2020 को रात 8 बजे आई।[51]

---

50. वही
51. वही

(9) शिव विहार निवासी आर.डी. शर्मा ने बताया कि राजधानी पब्लिक स्कूल की छत पर पत्थर, पेट्रोल बम, एसिड पैकेट, गुलेल आदि तमाम चीजें इकट्ठा की गई थीं। इस स्कूल की इमारत इलाके के ऊँचे भवनों मे से एक है और दंगों के दौरान अपराधियों ने इस इमारत का इस्तेमाल किया। ऊपर से पेट्रोल बम फेंककर पास की दो कार पार्किंग में आग लगा दी। इन दोनों पार्किंग में केवल हिंदुओं की कारें रहती थीं। राजधानी पब्लिक स्कूल को दंगाइयों ने अपना एक ठिकाना बना रखा था, वहाँ से उन्होंने आसपास के क्षेत्रों में पेट्रोल बम फेंके, पथराव किया। उन्होंने बताया कि इलाके के विधायक हाजी यूनुस मसजिदों में गए और भीड़ को हमले के लिए उकसाया, ये सभी हमले पूर्व नियोजित थे और किसे निशाना बनाना है, यह भी पहले से तय था।[52]

---

52. वही

चित्र 7 : ऐसे जला दी गई पार्किंग।

(10) पवन कुमार, जो एक मोबाइल फोन दुकान के मालिक हैं, ने बताया कि 24 फरवरी, 2020 को जब वह अपनी दुकान पर थे, उन्होंने हमले का हो-हल्ला सुना और दुकान बंद करके घर वापस लौट गए। हमलावरों में युवा भी थे और उन लोगों ने इलाके की ऊँची इमारतों पर कब्जा कर लिया और वहाँ से उन्होंने आसपास के लोगों, घरों पर पत्थर और पेट्रोल बम फेंके। उन्होंने पुलिसकर्मियों पर भी तेजाब पैकेट से हमला किया। उन्होंने बताया कि हमला पूर्व नियोजित था। विधायक हाजी यूनुस ने 23 फरवरी, 2020 को 15-20 युवकों के साथ क्षेत्र का दौरा किया था, लेकिन दंगों के दौरान उन्होंने कोई प्रतिक्रिया नहीं दी। दंगों के 36 घंटों के बाद जाकर हाजी यूनुस ने ट्वीट किया और यह कहकर लोगों को गुमराह किया कि

पुलिस हिंदुओं की मदद कर रही है।[53]

(11) शिव विहार निवासी अमर सिंह ने बताया कि हमला पूर्व नियोजित था, क्योंकि राजधानी पब्लिक स्कूल में जो व्यवस्था की गई थी, उसे एक दिन में करना संभव नहीं था। भारी मात्रा में पत्थरों, पेट्रोल बमों, एसिड पैकेट्स, बंदूकों इत्यादि की व्यवस्था पूर्व तैयारी से ही की जा सकती थी। स्कूल को फैजल नाम का व्यक्ति चलाता है।[54]

(12) सुरेश, जिनके भाई दिनेश की दंगों के दौरान सिर में गोली लगने से मौत हो गई, ने बताया कि दिनेश एक निजी कंपनी में काम करता था। जी.टी.बी. अस्पताल जाने के रास्ते को मुसलिमों की भीड़ ने बंद कर रखा था। उनका संदेह है कि मुस्तफाबाद के लोगों ने इलाके में गोलियाँ चलाईं, पेट्रोल बम फेंके और पत्थरबाजी की। उन्होंने माँग की कि मुसलिम इलाकों की नियमित रूप से चैकिंग होनी चाहिए, जिससे भविष्य में इस तरह की घटना न हो।[55]

5.2. टीम के सदस्यों ने ट्विटर, फेसबुक और अन्य समाचार मीडिया से जानकारी इकट्ठा की, जो सामयिक तरीके से समाचार, ऑडियो, वीडियो या तसवीरों के रूप में आती हैं। चूँकि इन साक्ष्यों में आसानी से हेरफेर किया जा सकता है और फेक वीडियो भी बड़े आराम से तैयार किया जा सकता है, इसलिए इन साक्ष्यों को एक से ज्यादा स्रोतों से मिली जानकारी से जाँचा-परखा गया, अर्थात् इसे केवल गवाही या ऑडियो, वीडियो या समाचार ही नहीं, बल्कि जहाँ भी संभव हुआ, मौखिक गवाही, समाचार रिपोर्ट, सोशल मीडिया पोस्ट जैसे विभिन्न स्रोतों से

53. वही
54. वही
55. वही

आ रहे तथ्यों से मिलाया गया। इससे न केवल निष्कर्ष की प्रामाणिकता और विश्वसनीयता बढ़ती है, बल्कि समिति के सदस्यों द्वारा रिकॉर्ड की गई गवाही की सत्यता भी प्रमाणित होती है।

□

6

प्रासंगिक एवं आकस्मिक मुद्दे

6.1. उत्तर-पूर्वी दिल्ली में 2020 के दंगे में एक आई.बी. अधिकारी, 2 दिल्ली पुलिस के जवान समेत 53 लोगों की जान गई और 200 से अधिक लोग घायल हुए।[56] इसके अलावा लगभग 92 घरों, 57 दुकानों, 500 वाहनों, 6 गोदामों, 2 स्कूलों, 4 कारखानों और 4 धार्मिक स्थानों को आग के हवाले कर दिया गया। कुल मिलाकर 1,000 करोड़ की संपत्ति नष्ट हुई।[57] उत्तर-पूर्वी दिल्ली में 2020 में हुए दंगों के सिलसिले में 718 से अधिक एफ.आई. आर. दर्ज की गई और कुल 3400 लोगों को हिरासत में लिया गया या गिरफ्तार किया गया।[58]

6.2. उपरोक्त एफ.आई.आर. और पुलिस द्वारा की गई अन्य कारवाइयों के अलावा कई नेताओं के खिलाफ एफ.आई.आर. दर्ज करने की याचिकाएँ दिल्ली हाईकोर्ट और सुप्रीम कोर्ट में डाली गई हैं, जो इस प्रकार हैं—

---

56. दि वायर, इट्स ऑफिशियल : पुलिस सेज 53 डेड, 200+ इंजर्ड, 2200 अरेस्ट्स इन दिल्ली रायट्स (08.03.2020), http://thewire.in/government/delhi-riots.official.toll-hurt-cases.

57. चयनिका निगम, इंडिया टुडे, लौंग रोड टु रिबिल्डिंग: हाउ रायट्स रैवेज्ड नॉर्थ ईस्ट दिल्ली, (01.03.2020), https://www.indiatoday.in/mail-today/story/how-riots-ravaged-northeast-delhi-1651246-2020-03-01.

58. वही 3

6.2.1 दंगों के बाद 26.02.2020 को एडवोकेट सुरूर मंदर के फोन पर न्यायमूर्ति एस. मुरलीधर और न्यायमूर्ति अनूप जे. भंभानी की दिल्ली हाईकोर्ट की खंडपीठ ने रात 12:30 बजे न्यायमूर्ति जे. मुरलीधर के निवास पर मामले की सुनवाई की और घायलों के उपचार के लिए सरकारी अस्पतालों तथा आपातकालीन उपचार तक रास्ते की सुरक्षा सुनिश्चित करने का निर्देश दिया। साथ ही खंडपीठ ने न्यू मुस्तफाबाद स्थित अल-हिंद अस्पताल के डॉक्टर अनवर के साथ बात भी की, जिन्होंने कहा कि वे लोग 2 शवों से संबंधित जरूरी औपचारिकताओं को पूरा करने तथा 22 घायलों की चिकित्सीय देखभाल[59] के लिए 25/02/2020 की शाम 4.00 बजे से ही पुलिस का इंतजार कर रहे हैं, लेकिन अब तक कोई नहीं आया।

6.2.2. जे. मुरलीधर की अध्यक्षता वाली दो जजों की खंडपीठ ने भाजपा नेताओं कपिल मिश्रा, अनुराग ठाकुर के भाषणों के वीडियो देखे और कहा कि ये भाषण 'प्रथम दृष्टया' भड़काऊ हैं और धार्मिक समूहों के बीच वैमनस्य पैदा करने का प्रयास हैं। यह आई.पी. सी. की 153ए के तहत एक दंडनीय अपराध है। इसके अतिरिक्त पुलिस को 27/02/2020 की दोपहर तक यह फैसला करने का समय दिया कि इन नेताओं के खिलाफ घृणा भाषणों के लिए एफ.आई.आर. दर्ज करनी है या नहीं।[60] गौर करनेवाली बात है

---

59. नॉर्थ ईस्ट टुडे, दिल्ली रायट्स : इन मिडनाइट हियरिंग, हाईकोर्ट आस्क्स पुलिस टू एन्श्योर सेफ पैसेज, ट्रीटमेंट ऑफ इंजर्ड, (26.02.2020), https://www.northeasttoday.in/delhi-riots-in-midnight-hearing-high-court-asks-police-to-ensure-safe-passage-treatment-of-injured/.

60. इकोनॉमिक टाइम्स, दिल्ली हाईकोर्ट सीजे पटेल्स बेंच गिव्स पुलिस ए मंथ टू डिसाइड ऑन हेट स्पीचेज, (28/02/2020), https://economictimes.indiatimes.com/news/politics-and-nation/delhi-high-court-cj-patels-bench-gives-police-a-month-to-decide-on-hate-speeches/articleshow/74369048.cms

कि जैसा कि ऊपर बताया गया है, दुष्प्रचार/घृणा फैलानेवाली बयानबाजी का अभियान मुख्य रूप से कांग्रेस, आ.आ.पा., वाम दलों, उनके छात्र संघों और भीम सेना की ओर से चलाया गया, हालाँकि इस याचिका में विशेष रूप से भाजपा नेताओं को निशाना बनाया गया था, जो सी.ए.ए. के समर्थन में बोल रहे थे।

6.2.3. 27/02/2020 को सॉलिसिटर जनरल तुषार मेहता ने दलील दी कि एफ.आई.आर. दर्ज करने से गड़बड़ी फैल सकती है, जिसके बाद मुख्य न्यायाधीश (दिल्ली उच्च न्यायालय) डी.एन. पटेल की अध्यक्षता वाली खंडपीठ ने दिल्ली पुलिस को यह निर्णय लेने के लिए एक महीने का समय दिया कि अभद्र भाषण देने के मामले में भाजपा नेताओं के खिलाफ एफ.आई.आर. दर्ज करना है या नहीं। इसके साथ ही कारवाई 13/04/2020 तक स्थगित कर दी गई।[61] इसके बाद प्रधान न्यायाधीश एस.ए. बोबडे की अध्यक्षता वाली सुप्रीम कोर्ट की खंडपीठ ने 6/03/2020 को मामले की सुनवाई करते हुए उच्च न्यायालय में याचिका की सुनवाई में एक माह की देरी को 'अनुचित' माना और दिल्ली हाईकोर्ट को इस याचिका पर जल्दी सुनवाई करने के लिए कहा।[62]

6.2.4. 28/02/2020 को दिल्ली उच्च न्यायालय ने दिल्ली सरकार और केंद्र सरकार को नोटिस जारी कर कांग्रेस पार्टी के नेताओं

61. दि हिंदू, विशेष संवाददाता, दिल्ली हाईकोर्ट टू हियर प्ली फॉर एफ.आई.आर. अगेंस्ट 3 बीजेपी लीडर्स ऑन 13 अप्रैल (संशोधित 28.02.2020;18:41) https://www.thehindu.com/news/national/delhi-hc-to-hear-plea-for-firs-against-3-bjp-leaders-on-april-13/article30931718.ece.

62. फाइनेंशियल एक्सप्रेस, दिल्ली वॉयलेंस : सुप्रीम कोर्ट एडमिट्स प्ली सीकिंग एफ.आई.आर्स. अगेंस्ट बीजेपी लीडर्स फॉर हेट स्पीच, हियरिंग ऑन वेंस्डे, (02.03.2020), https://www.financialexpress.com/india-news/delhi-violence-supreme-court-admits-plea-seeking-firs-against-bjp-leaders-for-hate-speech-hearing-on-wednesday/1886143/?_twitter_impression=true&utm_source=Taboola_Recirculation&utm_medium=RC&utm_campaign=FE.

सोनिया गांधी, राहुल गांधी और प्रियंका गांधी के खिलाफ लोगों को भड़काने[63] के लिए नफरती भाषण देने के मामले में दर्ज एफ.आई.आर. पर उनकी प्रतिक्रिया माँगी। एक अन्य याचिका पर सुनवाई करते हुए अदालत ने अमानतुल्ला खान (आम आदमी पार्टी के विधायक), स्वरा भास्कर, हर्ष मंदर, असादुद्दीन ओवैसी, अकबरुद्दीन ओवैसी और वारिस पठान (ए.आई.एम.आई.एम. नेता)[64] के खिलाफ एफ.आई.आर. दर्ज करने पर अपना पक्ष रखने के लिए दिल्ली पुलिस और केंद्र सरकार को नोटिस जारी किया। इसके साथ ही कांग्रेस पार्टी नेताओं सोनिया गांधी, राहुल गांधी, प्रियंका गांधी और आम आदमी पार्टी नेताओं दिल्ली के उपमुख्यमंत्री मनीष सिसोदिया तथा अमानुल्ला खान को नोटिस जारी कर उनके खिलाफ दायर याचिकाओं की ओर उनका ध्यान दिलाया।[65]

6.2.5. भाजपा नेताओं के खिलाफ एफ.आई.आर. दर्ज करने के लिए दायर याचिकाओं, जिनमें 04.03.2020 को एक्टिविस्ट हर्ष मंदर द्वारा दायर याचिका भी थी, पर सुनवाई के दौरान सुप्रीम कोर्ट के सामने हर्ष मंदर द्वारा जामिया मिल्लिया इसलामिया यूनिवर्सिटी

63. आई.ए.एन.एस., इंडिया टी.वी. न्यूज, दिल्ली हाईकोर्ट इशूज नोटिसेज ऑन प्ली फॉर एफ.आई.आर. अगेंस्ट गांधी'ज एंड अदर्स, (28.02.2020), https://www.indiatvnews.com/news/india/delhi-high-court-issues-notices-on-plea-for-fir-against-gandhis-593358.

64. अदिति सिंह, बार एंड बेंच, ब्रेकिंग : दिल्ली हाईकोर्ट इशूज नोटिस इन प्लीज सीकिंग एफआईआर्स अगेंस्ट स्वरा भास्कर, अमानुल्लाह खान, हर्ष मंदर, आरजे सायमा एंड ओवैसी ब्रदर्स,(28.02.2020), https://www.barandbench.com/news/breaking-delhi-hc-issues-notice-in-pleas-seeking-firs-against-swara-bhasker-amanatullah-khan-harsh-mander-rj-sayema-and-owaisi-brothers.

65. इकोनॉमिक टाइम्स, दिल्ली हाईकोर्ट इशूज नोटिसेज टु सोनिया, राहुल, प्रियंका गांधी फॉर अलेज्ड हेट स्पीचेज, (29/02/2020), https://economictimes.indiatimes.com/news/politics-and-nation/hate-speech-hc-seeks-centre-delhi-govt-response-on-plea-for-fir-against-sonia-rahul-gandhi/articleshow/74376919.cms.

में दिए गए भाषण का वीडियो भी आया, जिसमें हर्ष मंदर ने कथित तौर पर कहा था कि "मुझे शीर्ष अदालत पर भरोसा नहीं है। एन.आर.सी. से जुड़े मामलों, अयोध्या फैसले और कश्मीर के मामलों में यह मानवता, धर्मनिरपेक्षता और समानता की रक्षा नहीं करता··· 'अंतिम न्याय' केवल सड़कों पर किया जा सकता है।" इस वीडियो को देखने के बाद मुख्य न्यायाधीश बोबडे की अध्यक्षता वाली पीठ ने मंदर की याचिका पर सुनवाई करने से इनकार कर दिया और दिल्ली पुलिस को निर्देश दिया कि वह हर्ष मंदर द्वारा अदालत की अवमानना और लोगों को उकसाने[66] के मामले में हलफनामा दाखिल करे।

□

66. एच.टी. संवाददाता, पुलिस सीक कंटेम्प्ट ऑफ कोर्ट ऐक्शन अगेंस्ट हर्ष मंदर ओवर स्पीच एट जामिया, (03.03.2020), https://www.hindustantimes.com/india-news/police-seek-contempt-of-court-action-against-harsh-mander-over-speech-at-jamia/story-SuJeH49xdpaV8sTd9rwADL.htm.

7

सी.ए.ए. का विरोध

विरोध

देशभर की विभिन्न जगहों पर एक साथ समन्वित तरीके से किए गए विरोध से एक बार फिर इस बात के ठोस संकेत मिलते हैं कि यह सब पूर्वनियोजित था। दिलचस्प बात यह है विभिन्न जगहों पर लोगों को इकट्ठा करने से जो भारी भीड़ बनी, उसमें शामिल ज्यादातर लोग इस बात से अनभिज्ञ थे कि आखिर वे किस बात के लिए प्रदर्शन कर रहे हैं। जाहिर है, भीड़ स्वत:स्फूर्त नहीं थी। लोग इसलिए इसमें शामिल नहीं हुए कि वे मुद्दे से जुड़ाव महसूस कर रहे थे। लोगों को पैसे या किसी और लालच से प्रदर्शन में शामिल होने के लिए इकट्ठा किया गया।

सी.ए.ए. के खिलाफ विरोध प्रदर्शनों में जो देखा जा रहा है, वह सूचना युद्ध, सूचना वातावरण को खास दिशा देने का बेहतरीन उदाहरण है। भारत के युवाओं के बड़े वर्ग, खास तौर पर छात्रों को इस तरह प्रभावित किया गया कि वे मानने लगे कि सी.ए.ए. लाखों मुसलमानों को उनकी भारतीय नागरिकता से वंचित कर देगा। कई छात्रों का यह भी मानना है कि सी.ए.ए. का उद्देश्य हिंदू राष्ट्रवादियों को खुश करना है। सत्य से परे कुछ नहीं हो सकता, लेकिन जिस तरह से गलत जानकारी को न केवल फैलाया गया, बल्कि समाज के बड़े तबके में इसे काफी हद तक विश्वसनीय बना दिया गया, उसका सीधा इशारा उन ताकतों की ओर है, जो भारत के हितों के खिलाफ हैं और देश

को अस्थिर करने के लिए काम कर रही हैं। जिस तरह समाज के विभिन्न समुदायों, खास तौर पर मुसलमानों को गुमराह कर दिया गया, वैसे ही देश के युवाओं को भी इस विद्वेषपूर्ण दुष्प्रचार में उलझा दिया गया।

संगठित विध्वंसक गतिविधि

विरोध प्रदर्शन का तरीका उन ताकतों की ओर भी संकेत करता है, जो भारत की एकता और अखंडता के खिलाफ काम कर रही हैं। बेशक भारतीय संविधान का अनुच्छेद 19 बोलने एवं अभिव्यक्ति की स्वतंत्रता और बिना हथियार शांतिपूर्ण तरीके से एकत्र होने के अधिकार की गारंटी देता है, लेकिन इस तरह के अधिकार निरपेक्ष नहीं हैं और ये दूसरे नागरिकों के इन्हीं अधिकारों की अवहेलना नहीं कर सकते। इसलिए विरोध के तौर पर सार्वजनिक सड़कों को अवरुद्ध करना अनुच्छेद 19 का उल्लंघन करता है, क्योंकि इससे उस सड़क का उपयोग करने के मामले में दूसरे का अधिकार बाधित होता है। ऐसे ही सरकारी बसों समेत सार्वजनिक और निजी संपत्ति को जलाना भी अभिव्यक्ति की स्वतंत्रता के दायरे में नहीं आता। लेकिन सबसे महत्त्वपूर्ण बात, जब ऐसे प्रदर्शनकारी वैध रूप से पारित अधिनियम को वापस लेने की माँग करते हैं और कहते हैं कि जब तक वह काननू निरस्त नहीं किया जाता, वे सरकार को काम नहीं करने देंगे, तो वे भारत की लोकतांत्रिक संरचना को छिन्न-भिन्न करने के उद्‍देश्य से भारतीय लोकतंत्र के दिल पर हमला कर रहे होते हैं। किसी भी परिस्थिति में एक साथ इकट्‍ठा होकर अराजकता फैला रहे कुछ हजार लोगों को पूरे भारत के लोगों की इच्छाओं का दमन करने की अनुमति नहीं दी जा सकती। यह हरगिज स्वीकार्य नहीं।

कहने का यह आशय कतई नहीं कि असंतोष एक नाजायज़ गतिविधि है। सरकार के खिलाफ असंतोष की संविधान स्पष्टत: अनुमति देता है और यह लोकतांत्रिक कार्यप्रणाली का वैध हिस्सा है। सर्वोच्च न्यायालय के वर्तमान न्यायाधीश न्यायमूर्ति डी.वाई. चंद्रचूड़ ने इसी बात को दोहराया। "विविधता जो भारत का निर्माण करती है : बहुलता से बहुलवाद तक" विषय पर 15वें

न्यायमूर्ति पी.डी. देसाई मेमोरियल लैक्चर में न्यायमूर्ति चंद्रचूड़ ने कहा, "हर असंतोष को सीधे राष्ट्र-विरोधी या लोकतंत्र-विरोधी मान लेना संवैधानिक मूल्यों को सुरक्षित रखने और विचारशील लोकतंत्र को प्रोत्साहित करने के प्रति हमारी प्रतिबद्धता के हृदय पर प्रहार है।" वे आगे कहते हैं, "सवाल पूछने और असंतुष्ट होने की जगह के खत्म हो जाने से समस्त विकास—राजनीतिक, आर्थिक, सांस्कृतिक और सामाजिक का आधार ही खत्म हो जाता है। आशय यह है कि असंतोष लोकतंत्र का सुरक्षा बाल्व है।"

जस्टिस चंद्रचूड़ ने जो भी कहा, वह सब ठीक है, लेकिन इसका मतलब यह भी है कि विरोध के साधन और असंतोष को जाहिर करने के तरीके कानून सम्मत होने चाहिए। जब प्रदर्शनकारी सार्वजनिक स्थानों पर इकट्ठा होते हैं, लेकिन बाकी आबादी को उन सार्वजनिक स्थानों का उपयोग नहीं करने देते हैं तो यह असंतोष नहीं, बल्कि अराजकता है। जब प्रदर्शनकारी अपनी अभिव्यक्ति की स्वतंत्रता का इस्तेमाल नफरत फैलाने, अपशब्द बोलने और समुदायों के बीच विभाजन पैदा करने के लिए करते हैं तो यह भी असंतोष नहीं, बल्कि अराजकता है। और जब प्रदर्शनकारी सार्वजनिक मंचों का इस्तेमाल खुलेआम भारत को तोड़ने की बात करने के लिए करते हैं तो यह भी असंतोष नहीं, बल्कि अराजकता है।

सरकार भारत के संविधान को बनाए रखने के कर्तव्य से बँधी है। वह भारत की एकता और अखंडता सुनिश्चित करने के कर्तव्य से बँधी है। वह अपने सभी नागरिकों को न्याय, स्वतंत्रता और समानता देने के कर्तव्य से बँधी है। इसलिए इसे पूरी लगन के साथ अपनी ड्यूटी निभानी चाहिए और अधिकतम लोगों की अधिकतम भलाई सुनिश्चित करनी चाहिए। ऐसा कभी नहीं होना चाहिए कि वह किसी भीड़ की निरंकुशता के सामने हथियार डाल दे।

□

8

घटनाक्रम

दंगे से पहले

11/12/2019 को जैसे ही राष्ट्रपति ने सी.ए.ए. को स्वीकृति दी, कट्टरपंथी समूहों ने दिल्ली सहित पूरे भारत में विरोध प्रदर्शन शुरू कर दिया। दिल्ली में विरोध कर रहे गुटों में जामिया मिलिया इसलामिया विश्वविद्यालय का एक गुट प्रमुखता से उभरा, जिसमें कुछ छात्रों ने सरकार के खिलाफ जिहाद का आह्वान किया।[67] फेसबुक से निकाला गया एक संदेश है—

67. ऑपइंडिया, बरखा दत्ता-शेरो लडीला गेव कॉल फॉर जिहाद, आयशा राणा कॉल्ड इंडिया फासिस्ट फॉर एक्सीक्यूटिंग टेररिस्ट याकूब मेमन, (16/12/2019), https://www.opindia.com/2019/12/ladeeda-sakhaloon-aysha-renna-jamia-protests-profiles/.

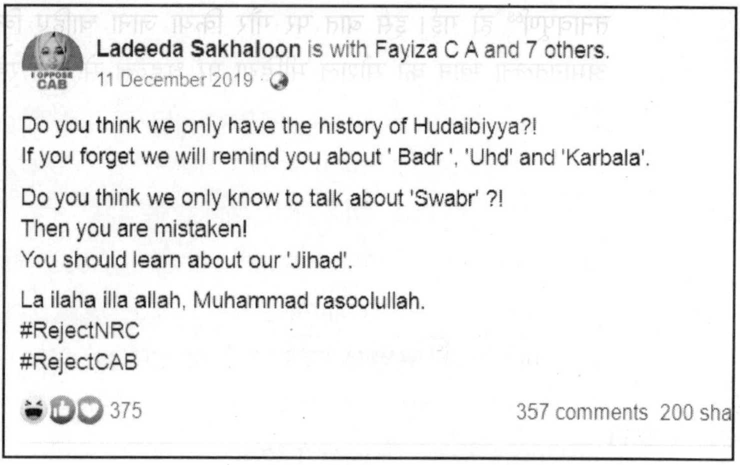

Ladeeda Sakhaloon is with Fayiza C A and 7 others.
11 December 2019 ·

Do you think we only have the history of Hudaibiyya?!
If you forget we will remind you about ' Badr ', 'Uhd' and 'Karbala'.

Do you think we only know to talk about 'Swabr' ?!
Then you are mistaken!
You should learn about our 'Jihad'.

La ilaha illa allah, Muhammad rasoolullah.
#RejectNRC
#RejectCAB

375 357 comments 200 sha

चित्र 8 : 11 दिसंबर, 2019 को 'लदीदा सकलून' के नाम से एक छात्र ने जेहाद का आह्वान किया।

देश के विभिन्न हिस्सों में भी आंदोलन तेज हुआ और जे.एन.यू. के पी-एच.डी. छात्र शरजील इमाम को उत्तर-पूर्वी भारत को देश के बाकी हिस्से से काटने की धमकी देते कैमरे में पकड़ा गया। 14/12/2019 को शरजील इमाम और पिंजड़ा तोड़ समेत तमाम स्वयंभू समूहों/कट्टरपंथियों के नेतृत्व में प्रदर्शनकारी शाहीन बाग में इकट्ठा हुए और उसी के बाद शाहीन बाग में धरना-प्रदर्शन की शुरुआत हुई, जो आज भी जारी है।

15/12/2019 को आ.आ.पा. विधायक और दिल्ली सुन्नी वक्फ बोर्ड के अध्यक्ष अमानतुल्ला खान को जामिया नगर में दंगों का नेतृत्व करते देखा गया। उस इलाके में बसों को आग लगा दी गई थी और 'हिंदुओं से आजादी' के नारे लगाए गए थे। उसी रात दिल्ली पुलिस ने जामिया मिल्लिया इसलामिया विश्वविद्यालय के परिसर में प्रवेश किया और शरारती तत्त्वों के खिलाफ काररवाई की। इसके बाद सीलमपुर में भी दंगे भड़क गए, जिसमें एक स्कूल बस में आग लगा दी गई और उत्तर-पूर्वी जिले में स्थिति

तनावपूर्ण[68] हो गई। इस बात पर गौर किया जाना चाहिए कि अमानतुल्ला खान को सोशल मीडिया पर धड़ल्ले से चल रहे तमाम वीडियो में भी देखा गया, जिसमें उन्होंने दावा किया कि अब अगले कदम के रूप में सरकार मसजिद से लगनेवाली अजान पर रोक लगा देगी, लाउडस्पीकर पर रोक लगा दी जाएगी, मुसलिमों को टोपी पहने की इजाजत नहीं होगी और बुर्का पर भी रोक लगा दी जाएगी।[69]

छोटे पैमाने पर जगह-जगह प्रदर्शन होते रहे और 24/12/2019 को एक अन्य कट्टरपंथी समूह, 'पिंजरा तोड़' ने मार्च शुरू किया और प्रदर्शन किया, जो बाद में विभिन्न जगहों पर जारी रहा। उत्तर-पूर्वी जिले के खजूरी खास इलाके में 12/01/2020 और सीलमपुर में 15/01/2020 को विरोध प्रदर्शन किया गया और जो अगले सप्ताह कर्दमपुरी और चाँदबाग में भी होने लगा।[70]

इसके बाद विभिन्न राजनीतिक दलों और भीम सेना समेत अन्य गुटों की ओर से घृणा फैलानेवाली बयानबाजी के जारी रहने के बाद भी सी.ए.ए. का जनविरोध धीरे-धीरे कमजोर पड़ने लगा और ऐसे में सी.ए.ए. विरोध के मामले में कट्टरपंथी गुटों के प्रदर्शन का केंद्र शाहीन बाग बना रहा। 02/02/2020 को सी.ए.ए. समर्थकों ने भी प्रदर्शन किया और इससे कट्टरपंथी गुटों को घृणा फैलाने वाले भाषण अभियान को आक्रागक

---

68. ऑपइंडिया, ए.ए.पी. एम.एल.ए. अमानुल्लाह खान स्पॉटेड लीडिंग दि प्रोटेस्ट्स विच टर्ड वॉयलेंट इन दिल्ली : रिपोर्ट्स, (15/12/2019), https://www.opindia.com/2019/12/amanatullah-khan-delhi-protests-citizenship-amendment/.
69. https://twitter.com/Indiaaakash/status/1232712015925268480
70. ऐश्वर्या सोनवाने, रिपब्लिक वर्ल्ड, दिल्ली वॉयलेंस टाइमलाइन : कैपिटल विटनेसेज शॉकिंग 4-डे एस्केलेशन; हियर्स दि सिक्वेंस, (26/02/2020; 18:05 IST), https://www.republicworld.com/india-news/general-news/delhi-violence-timeline-capital-witnesses-shocking-4-day-escalation.html.

करते हुए ठंडे पड़ते सी.ए.ए. विरोधी प्रदर्शन को तेज करने का अवसर मिल गया।

हमले की साजिश

स्थानीय लोगों में सी.ए.ए. विरोधी प्रदर्शनकारियों का अभियान प्रासंगिकता और महत्त्व खोने लगा था और यह असफलता की ओर बढ़ रहा था। 17/02/2020 को कथित 'टुकड़े-टुकड़े' गैंग के सदस्य उमर खालिद ने लोगों को उकसाया[71] कि 24 फरवरी, 2020 को अमेरिकी राष्ट्रपति डोनाल्ड ट्रंप[72] की भारत यात्रा के समय सड़कों पर निकल आएँ। यह बताता है कि तब तक साजिश को आगे बढ़ाते हुए हमले से जुड़ी योजना को आकार दिया जा चुका था और अब कट्टरपंथी समूह अपने मंसूबों को अंजाम तक पहुँचाने के लिए संसाधन जुटाने की प्रक्रिया में थे।

इस बीच घृणा फैलानेवाली बातें करने तथा विरोध प्रदर्शन में शामिल होने के मामले में आगे रहनेवाली भीम सेना ने अन्य गुटों के साथ सी.ए.ए. विरोधी प्रदर्शनकारियों का समर्थन करना जारी रखा और वह आरक्षण के मुद्दे के जरिए अन्य प्रदर्शनकारी समूहों के साथ सरकार के खिलाफ तालमेल बैठाने की कोशिश करती रही। 20/12/2019 को भीम सेना ने सी.ए.ए. विरोधी प्रदर्शन के दौरान जामा मसजिद/दिल्ली गेट इलाके में हुए दंगों के दौरान सक्रिय भूमिका निभाई और इसी आधार पर 21/12/2019 को दिल्ली पुलिस ने भीम सेना प्रमुख चंद्रशेखर आजाद को गिरफ्तार[73] कर लिया।

इस बीच 17/02/2020 को सुप्रीम कोर्ट ने शाहीन बाग के प्रदर्शनकारियों से बातचीत के लिए वरिष्ठ अधिवक्ता संजय हेगड़े, साधना रामचंद्रन और पूर्व

---

71. वही 11
72. वही 2
73. इंडिया टुडे, भीम आर्मी चीफ चंद्रशेखर आजाद टेकेन इनटू पुलिस कस्टडी फ्रॉम जामा मसजिद, (21/12/2019), https://www.indiatoday.in/india/story/bhim-army-chief-chandrashekhar-azad-taken-into-police-custody-1630254-2019-12-21

प्रमुख सूचना आयुक्त वजाहत हबीबुल्ला को मध्यस्थ नियुक्त किया, ताकि मुद्दे को सौहार्दपूर्वक हल किया जा सके। 20/02/2020 को प्रदर्शनकारियों के साथ मध्यस्थता की कोशिश विफल हो गई, क्योंकि वे किसी सहमति पर नहीं पहुँच सके।[74]

तय समय पर हमले को अंजाम देना

दंगों को भड़काने वाली घटनाएँ 22/02/2020 से ही शुरू हो गई थीं और ये 27/02/2020 तक जारी रहीं। घटनाओं के क्रम और इनसे जुड़े दुष्प्रचारों से पता चलता है कि ये गतिविधियाँ एक बड़ी साजिश का हिस्सा थीं, जिसे सुनियोजित तरीके से अंजाम दिया गया और इन्हें ऐसे रखा जा सकता है—

i. 22/02/2020 को सुबह 11:30 बजे शाहीन बाग के प्रदर्शनकारियों ने चाँदबाग से लेकर राजघाट तक विरोध शुरू करने का ट्वीट किया, जो इस प्रकार है :

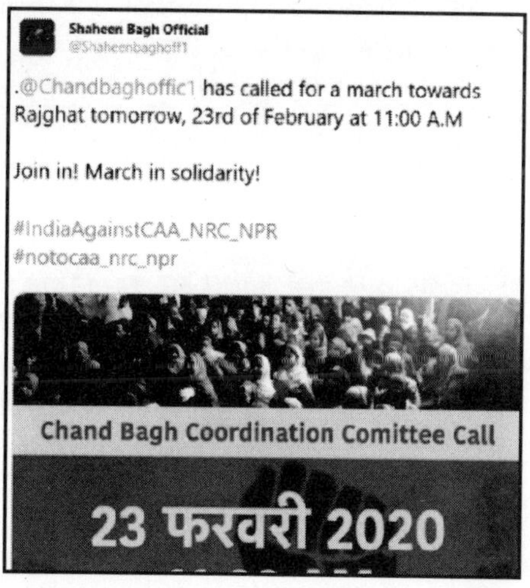

चित्र 9 : 23 फरवरी, 2020 को चाँदबाग से राजघाट तक मार्च का ऐलान करता ट्वीट

74. एशलिन मैथ्यू, नेशनल हेराल्ड, एस.सी. अपॉइंटेड इंटरलोक्यूटर्स हिट ए वॉल एट शाहीन बाग, (20/02/2020), https://www.nationalheraldindia.com/india/sc-appointed-interlocutors-hit-a-wall-at-shaheen-bagh.

ii. उसी दिन दोपहर 01:30 बजे भीम सेना ने ट्वीट के जरिए 23/02/2020 को भारत बंद का ऐलान किया और भीम सेना के प्रमुख चंद्रशेखर शाहीन बाग के साथ-साथ उत्तर-पूर्वी जिले के मौजपुर इलाके का दौरा करते हैं। उनके ट्वीट :

चित्र 10 : भीम सेना प्रमुख चंद्रशेखर ने ट्वीट करके कहा कि वह 'संघर्ष की भूमि' शाहीन बाग आ रहे हैं

चित्र 11 : बी.ए.एस.एफ. की 'भारत बंद' की अपील, जो 22 फरवरी,2020 को ट्विटर पर ट्रेंड करता रहा

चित्र 12 : 23 फरवरी, 2020 को भारत बंद के आह्वान के साथ जाफराबाद मेट्रो स्टेशन के नीचे भीम सेना का बैनर

चित्र 13 : जाफराबाद मेट्रो स्टेशन के नीचे जमा मुसलिम महिलाओं के हाथ में बाबा साहेब आंबेडकर के पोस्टर, जो इस बात का प्रमाण है कि सी.ए.ए. और आरक्षण के मुद्दों को आपस में मिला दिया गया

iii. उक्त दिन शाम करीब 05:30 बजे एक ओर की सड़क को प्रदर्शनकारियों से खाली करा दिया गया था और इसी दौरान कट्टरपंथी समूह इस पर दोबारा कब्जा करने के लिए सक्रिय

हो गए, जो फेसबुक के एक संदेश से जाहिर होता है, जिसमें जामिया टाइम्स से जुड़ा मीर फैसल खाली कराए गई सड़क को दोबारा अवरुद्ध करने के लिए लोगों को उकसाता है। उसके संदेश का स्क्रीनशॉट :

Meer Faisal is at Shaheen Bagh,Okhla New Delhi
22 February at 17:48 · Delhi

Hum Chutiya hai kya ki Sab Chord kar Protest kar rahe the, Ek jagah Aap kah rahe ho Police ne Raasta band kar rakha tha Ek jagah aap jaa kar Raasta khol dete ho.
Jash Manaya jaa raha hai 5-6 laundo ke taraf se Media Shaheen Bagh Haar gaya Aisa chala raha.. fuck off
Mood off hai, koi video nahi ab
Saala chutiya hai hum jo kal se soye nahi hain..

PS : Sarita Vihar wala Road abhi bhi band hai lekin umeed hai ye bhi jldi khulega.

चित्र 14 : लोगों को उकसाता मीर फैसल का पोस्ट

iv. कट्टरपंथी गुटों की ओर से सड़क को अवरुद्ध करने के लिए लोगों को भड़काने का परिणाम यह हुआ कि उसी दिन रात करीब 09:00 बजे 500–1000[75] मुसलिम महिलाएँ जाफराबाद मेट्रो स्टेशन पर आईं; उन्होंने सीलमपुर को मौजपुर और यमुना विहार से जोड़ने वाली सड़क को अवरुद्ध[76] कर दिया।

---

75. Ndtv.com, 1,000 वुमेन ब्लॉक दिल्ली रोड ओवर सीएए, बैक भीम आर्मीज स्ट्राइक कॉल, (23/02/2020), https://www.ndtv.com/delhi-news/hundreds-of-women-block-delhi-road-back-bhim-army-chief-chandrashekhar-azad-shutdown-call-2184296.

76 प्रेस ट्रस्ट ऑफ इंडिया, फ्रेश एंटी–सी.ए.ए. प्रोटेस्ट साइट एमर्जेज एज हंड्रेड्स गैदर

चित्र 15 : जाफराबाद मेट्रो स्टेशन के नीचे सड़क को ऐसे अवरुद्ध किया गया

vi. प्रदर्शनकारियों की संख्या बढ़ती रही तथा वैसे ही पुलिस की तैनाती भी। फिर प्रदर्शनकारियों ने और भी लामबंदी की कोशिश की, जो सी.ए.ए./एन.आर.सी. प्रोटेस्ट इंफो पेज पर 22/02/2020 को रात 10:46 बजे और 11:23 बजे पोस्ट किए गए एक ट्वीट से स्पष्ट होता है। यह ट्वीट :

एट दिल्लीज जाफराबाद, (23/02/2020), https://www.business-standard.com/article/pti-stories/anti-caa-protest-continues-at-delhi-s-jaffrabad-120022300113_1.html.

URGENT : #Delhi
Jafrabad main road has been blocked, its an urgent appeal for all the women to come and join as a Protest Against CAA / NRC / NPR, our dalit sisters are also there in huge numbers!

Do join them NOW!

10:46 PM · Feb 22, 2020 · Twitter for iPhone

चित्र 16 : सी.ए.ए./एन.आर.सी. प्रोटेस्ट इंफो के नाम से किया गया ट्वीट, जिसमें और महिलाओं से इकट्ठा होने और जाफराबाद मेन रोड को अवरुद्ध करने को कहा गया

URGENT : SOS #Delhi
(11:22 PM // 22.02.2020)

Road under Jafrabad metro station, Seelampur right now

There is heavy police deployment at the protest site!

Need Urgent Mobilisation.

चित्र 17 : ट्वीट, जिसमें रात 11:22 बजे जाफराबाद मेट्रो स्टेशन पर भारी संख्या में पुलिस बल की तैनाती को दिखाते हुए तत्काल लोगों को इकट्ठा होने को कहा गया

विध्वंसकारी साजिश को अंजाम देना

प्रदर्शन 23/02/2020 को भी जारी रहा और उसके बाद की घटनाएँ इस तरह रहीं—

i. सुबह प्रदर्शनकारियों को हटाने के लिए और भी पुलिसवाले पहुँच गए और इसके जवाब में सी.ए.ए./एन.आर.सी. प्रोटेस्ट इंफो के ट्वीटर हैंडल से और लोगों को वहाँ इकट्ठा होने का संदेश दिया जाता है।

CAA / NRC Protest Info.
@NrcProtest

UPDATE : Seelampur-Jafrabad

17 buses full of armed police has arrived to remove the Chakkajam and getting ready to lathi charge at Jafrabad-Seelampur

(6:48am // 23.02.2020)

चित्र 18 : सी.ए.ए./एन.आर.सी. प्रोटेस्ट इंफो ने इलाके की ताजा स्थिति की जानकारी देते हुए बताया कि वहाँ 17 बसों में भरकर सशस्त्र बल पहुँच चुके हैं

ii. जाफराबाद मेट्रो स्टेशन पर और अधिक प्रदर्शनकारियों को जुटा लिया गया था, वहाँ शाहीनबाग की तरह ही मंच भी बना लिया गया और व्यवधान आने के बाद दिल्ली मेट्रो ने सुबह 08:25 बजे जाफराबाद मेट्रो स्टेशन गेट को बंद कर दिया।

CAA / NRC Protest Info.
@NrcProtest

Stage is being set up under the Jafrabad metro station establishing the sit-in model of #ShaheenBagh here at Seelampur-Jafrabad

Via : @ShashwatDas2
(8:16 AM // 23.02.2020)

चित्र 19 : ट्वीट, जिसमें दिखाया गया कि जाफराबाद मेट्रो स्टेशन के नीचे शाहीन बाग जैसा ही मंच बना दिया गया था

ANI
@ANI

Delhi Metro Rail Corporation (DMRC): Entry & exit of Jaffrabad have been closed. Trains will not be halting at this station.

चित्र 20 : जाफराबाद में मेट्रो सेवा बाधित होने के बारे में ए.एन.आई. का ट्वीट

iii. इस बीच सुबह लगभग 9:00 बजे दिल्ली पुलिस ने यह जानकारी देते हुए कि चाँदबाग से राजघाट तक मार्च की अनुमति नहीं दी गई है, प्रदर्शनकारियों से कहा कि वे उस जगह को खाली कर दें। दूसरी ओर भीम सेना की ओर से संदेश भेजा गया कि जाफराबाद मेट्रो स्टेशन पर प्रदर्शनकारियों की मदद के लिए और भी लोग इकट्ठा हों, जो इस ट्वीट से साफ है :

भीम आर्मी के सभी साथी जफराबाद पहुंचे और अपने लोगों की सुरक्षा सुनिश्चित करें। #23फरवरी_भारत_बंद

Translate Tweet

ANI @ANI · Feb 23
#WATCH Delhi: Heavy security deployed in Jaffrabad metro station area. Protesters are agitating near the metro station, in protest against #CitizenshipAmendmentAct.

11:02 AM · Feb 23, 2020 · Twitter for Android

चित्र 21 : भीम सेना प्रमुख चंद्रशेखर ने भीम सेना कार्यकर्ताओं से लोगों की सुरक्षा के लिए जाफराबाद मेट्रो स्टेशन पर जुटने को कहा

iv. दोपहर करीब 03:00 बजे भाजपा नेता कपिल मिश्रा मौजपुर चौक पहुँचे; वहाँ उन्होंने भड़काऊ भाषण देते हुए लोगों से कहा कि अगर पुलिस जाफराबाद और चाँदबाग में विरोध स्थल को खाली नहीं करा पाती है तो वे भी सड़कों पर उतर जाएँ। उन्होंने धमकी दी कि वे लोग अमेरिकी राष्ट्रपति डोनाल्ड ट्रंप के देश छोड़ने तक ही शांत रहेंगे।

v. इसके बाद मौजपुर मेट्रो स्टेशन के पास सी.ए.ए. विरोधी प्रदर्शनकारियों और सी.ए.ए. समर्थक प्रदर्शनकारियों के बीच झड़प हो गई। पत्थरबाजी हुई और सी.ए.ए. विरोधी प्रदर्शनकारियों ने हिंदुओं की गाड़ियों को जला दिया तथा वे केवल मुसलिमों की कारों को वहाँ से जाने दे रहे थे।[77]

vi. इसके बाद आसपास के इलाकों बृजपुरी, चाँदबाग, बाबरपुर और करावल नगर में भी झड़पें शुरू हो गईं और दिल्ली पुलिस को लाठीचार्ज तथा आँसू गैस का सहारा लेना पड़ा। साथ ही अर्धसैनिक बलों को भी बुला लिया गया।

77. के. भट्टाचार्य, ऑपइंडिया, क्रोनोलॉजी ऑफ इवेंट्स दैट लेड टु दि दिल्ली रायट्स एंड दि खिलाफत 2.0 : दि कॉल फॉर ए डायरेक्शन ऐक्शन डे नेक्स्ट ? https://www.opindia.com/2020/02/delhi-anti-hindu-riots-khilafat-2-direct-action-day/

vii. इसी बीच दक्षिण दिल्ली के हौज रानी इलाके में भी झड़पें हुईं और दिल्ली पुलिस के लाठीचार्ज करने के बाद हालात पर नियंत्रण पाया जा सका।[78]

viii. थोड़ी देर की शांति के बाद करावल नगर, चाँदबाग, बाबरपुर और मौजपुर के दोनों ओर फिर से दंगे भड़क उठे।

महत्त्वपूर्ण चरण

24/02/2020 को फिर से भड़की हिंसा सबसे अधिक घातक साबित हुई और घटनाएँ इस तरह हुईं—

78. जीवन प्रकाश शर्मा, आउटलुक इंडिया दिल्ली रायट्स 2020 : हू फैंड दि फ्लेम्स ऑफ हेट्रेड ? इज कपिल मिश्रा ओनली टू ब्लेम ? (09/03/2020), https://www.outlookindia.com/magazine/story/india-news-delhi-riots-2020-who-fanned-the-flames-of-hatred-is-kapil-mishra-only-to-blame/302875; यह भी देखें : हिमांशु मिश्रा, इंडिया टुडे, एंटी–सी.ए.ए. स्टर एट हौज रानी : प्रोटेस्टर्स अलेज लाठीचार्ज बाई कॉप्स, दिल्ली पुलिस सेज प्रोटेस्ट हेल्ड विदाउट परमिशन, (संशोधित 24/02/2020; 08:44) https://www.indiatoday.in/india/story/anti-caa-hauz-rani-protesters-allege-lathicharge-cops-delhi-police-says-protest-held-without-permission-1649309-2020-02-23.

i. सुबह ही सी.ए.ए. समर्थक और सी.ए.ए. विरोधी प्रदर्शनकारी जफराबाद मेट्रो स्टेशन के पास आमने-सामने आ गए तथा नारेबाजी करने लगे। सुबह 07:00 बजे डी.एम.आर.सी. ने जाफराबाद एवं मौजपुर मेट्रो स्टेशनों को बंद कर दिया।

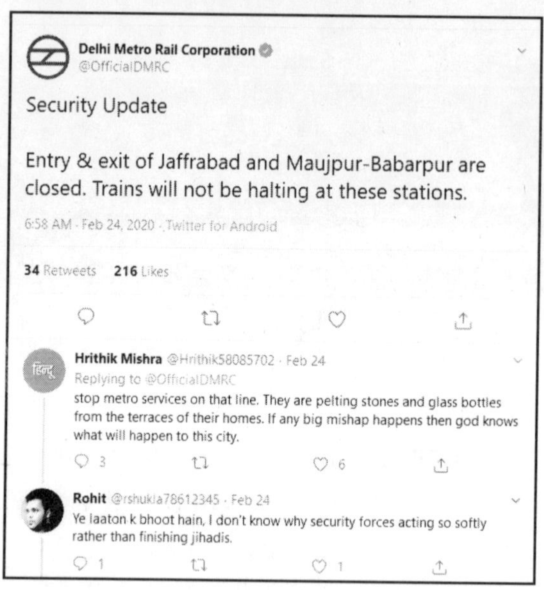

चित्र 22 : जाफराबाद, मौजपुर और बाबरपुर मेट्रो स्टेशनों पर मेट्रो सेवा निलंबित करने के बारे में डी.एम.आर.सी. की ओर से जारी की गई सूचना।

ii. दोपहर लगभग 01:00 बजे चाँदबाग की ओर से लाठी, पत्थर और पेट्रोल बमों से लैस मुसलिमों की भीड़ भजनपुरा आई तथा सबसे पहले उन्होंने पेट्रोल पंप पर हमलाकर उसे आग लगा दी फिर यमुना विहार की ओर बढ़ गए। उस इलाके में कोचिंग सेंटर को क्षतिग्रस्त कर दिया और कई घरों को आग लगा दी। बी-2 ब्लॉक में खड़ी तमाम कारों को पेट्रोल बमों की मदद से जलाते हुए गलियों से होती हुई भीड़ दिल्ली के यमुना विहार पहुँच गई।

चित्र 23 : क्षतिग्रस्त पेट्रोल पंप

iii. बी–2 ब्लॉक की ओर से आनंद मोड़ होते हुए भीड़ यमुना विहार में घुसी और लोगों पर हमले करने से लेकर घरों तथा कारों को जलाती रही। उस इलाके में हिंदू रहते हैं।

चित्र 24 : सी.ए.ए. विरोधियों और सी.ए.ए. समर्थकों के बीच हिंसक झड़प।

iv. उसी समय नूर-ए-इलाही, सीलमपुर की ओर से एक भीड़ आई और यमुना विहार की ओर बढ़ गई। इस तरह यमुना विहार को भीड़ ने दोनों तरफ से घेर लिया था। लोग वहाँ आगजनी, लूटपाट, गाड़ियों, दुकानों और इमारतों में आग लगाते रहे, जो शाम 05-06 बजे तक जारी रहा। इस दौरान पुलिस की संख्या बहुत कम थी। चूँकि वहाँ और पुलिस बल को नहीं भेजा गया, वे खुद ही अपनी जान बचाने के लिए भागते फिर रहे थे। इन सबके बीच हिंदू समुदाय अपने और अपनी संपत्ति को बचाने में पूरी तरह असमर्थ था और प्रदर्शनकारियों के रास्ते में जो कुछ भी आया, वे उनपर एसिड, पेट्रोल बम, लाठी और पत्थरों से हमला करते रहे।

v. इसी दौरान कर्दमपुरी/कबीर नगर की तरफ से एक भीड़ आई और यमुना विहार के सी-2 ब्लॉक की ओर से लोगों पर हमला किया, उन्होंने घरों, कारों को आग लगा दी।

vi. दंगाइयों में से एक मो. शाहरुख को मीडिया ने पुलिसकर्मी पर पिस्तौल ताने कैमरे में कैद किया। शाहरुख ने दूसरे समूह के प्रदर्शनकारियों पर गोलियाँ भी चलाईं।

vii. इसी बीच उत्तर-पूर्वी जिले में प्रशासन ने धारा 144 लगा दी। शाम करीब 4:30 बजे भीड़ ने डी.सी.पी., शाहदरा समेत पुलिस टीम पर हमला कर दिया, जिसमें डी.सी.पी. गंभीर रूप से घायल हो गए।[79]

viii. रात करीब 11:00 बजे कथित हिदू दंगाइयों ने गोकुलपुरी के टायर मार्केट में आग लाग दी।

8.6. ये दंगे 24/25 फरवरी, 2020 की रात भर जारी रहे और इस दौरान की घटनाओं के बारे में मिली जानकारी इस प्रकार है—

i. सुबह करीब 09:00 बजे मौजपुर और ब्रह्मपुरी इलाके में दो समूहों के बीच पथराव की घटनाएँ हुईं, जिसके बाद सीलमपुर, जाफराबाद और मौजपुर में इंटरनेट सेवाएँ निलंबित कर दी गईं और आर.ए.एफ. ने फ्लैग मार्च किया।

ii. दोपहर लगभग 01:30 बजे दोनों समूहों के बीच गोलियाँ चलीं और कई राउंड गोलियाँ दागी गईं। पुलिस ने भीड़ को तितर-बितर करने के लिए आँसू गैस के गोले छोड़े।

iii. दोपहर करीब 02:30 बजे भजनपुरा चौक के पास फिर से हिंसा शुरू हो गई और दोनों गुटों के बीच पथराव हुआ।

iv. लगभग 03:30 बजे न्यू जाफराबाद क्षेत्र को खाली कराने के लिए अर्धसैनिक बल के साथ 2000 अतिरिक्त पुलिसकर्मियों को तैनात किया गया।

v. चाँदबाग, खजूरी खास में हिंसा भड़की और उपद्रवियों ने वाहनों को आग लगा दी तथा पुलिस से भी भिड़ गए।

---

79. ओझा एंड चिराग गोठी, इंडिया टुडे, दिल्ली वॉयलेंस : कैपिटल ऑन एज अहेड ऑफ डोनाल्ड ट्रंप्स विजिट, (संशोधित 24/02/2020; 18:10), https://www.indiatoday.in/india/story/delhi-violence-capital-on-edge-ahead-of-donald-trump-s-visit-1649543-2020-02-24.

vi. शाम 07:30 बजे पुलिस ने बैरिकेड्स लगा दिए और उत्तर-पूर्वी दिल्ली से गाजियाबाद जानेवाली सड़कों को सील कर दिया। पूरे पश्चिमी यू.पी. के 16 जिलों में धारा 144 लगा दी गई और अर्धसैनिक बलों को तैनात कर दिया गया।

शांत होने का चरण

26/02/2020 को हुई घटनाएँ इस प्रकार हैं—

(क) मरनेवालों की संख्या एक ही रात में 17 हो गई और घायलों की संख्या 200 से अधिक।

(ख) अर्धसैनिक बलों ने दंगा प्रभावित क्षेत्रों में फ्लैग मार्च किया और राष्ट्रीय सुरक्षा सलाहकार अजीत डोभाल ने प्रभावित इलाकों का दौरा किया।

□

9

दिल्ली दंगे : एक सुनियोजित साजिश

हिंदू समुदाय पर पूर्वनियोजित हमला

i. हिंदू समुदाय पर लक्षित हमलों को पूर्व नियोजित तरीके से अंजाम दिया गया, साजो-सामान का इंतजाम पहले ही कर लिया गया था, लक्ष्य पहले ही तय कर लिए गए थे और दंगों का समय ऐसा रखा गया था कि न्यूनतम प्रतिरोध और अधिकतम नुकसान हो, जैसा कि पीड़ितों/चश्मदीदों ने बताया, 24/02/2020 को मुसलिम स्कूल बंद कर दिए गए थे, जबकि हिंदू स्कूल खुले थे। यहाँ तक कि अन्य स्कूलों में पढ़नेवाले मुसलिम बच्चों को भी उनके अभिभावक दोपहर 1 बजे से पहले वापस ले जा चुके थे तथा कुछ मुसलिम अभिभावकों ने स्कूल अधिकारियों को बताया था कि शायद कुछ बड़ा होने वाला है।

ii. यमुना विहार के बी-2 ब्लॉक में एच.डी.एफ.सी. बैंक की शाखा है, जो दोपहर 1 बजे से पहले ही बंद कर दी गई थी, जबकि बैंक का सामान्य कामकाज शाम 04:00 बजे तक होता है। यह बात जानकारी में आई है कि उस बैंक शाखा का प्रबंधक मुसलिम था, जिसे हमलों के समय और निशाना बनाए जाने वाले लक्ष्यों की पहले से जानकारी थी। सी-2 ब्लॉक,

यमुना विहार के निवासियों ने कहा कि घरेलू कामकाज करने वाली 12 मुसलिम औरतें 24/02/2020 को काम पर नहीं आईं और अन्य दिहाड़ी मजदूर भी दोपहर 01.00 बजे तक काम छोड़कर अपने घर लौट चुके थे।

iii. यमुना विहार क्षेत्र के पीड़ितों में से एक ने कहा कि दिनचर्या के मुताबिक परिवार के पुरुष सदस्य सुबह 10–11 बजे तक घर से जा चुके थे और दोपहर लगभग 01:00 बजे जब दंगाइयों ने उनके घरों पर हमला किया तो अधिकतर घरों में कोई भी पुरुष सदस्य नहीं था और केवल महिलाएँ और बच्चे थे, जिनकी मदद करने के लिए कोई नहीं था और पुलिस भी शाम 06 बजे के बाद ही पहुँची।

iv. पीड़ितों में से एक ने बताया कि स्थानीय मसजिद से 24-25.02.2020 की मध्यरात्रि लगभग 01:30 बजे मुनादी की गई कि सभी मुसलमान अगले दिन सड़क पर उतरकर आंदोलन करें।

v. इन तथ्यों से स्पष्ट है कि मुसलिम समुदाय के सदस्यों को पहले से हमले के बारे में जानकारी थी, जबकि हिंदुओं को इसकी भनक भी नहीं थी।

पूर्व-निर्धारित लक्ष्यों पर हमला

i. गवाही तथा अन्य सबूतों से पता चला कि हिंदू इलाकों में हमले किए गए और उसमें भी उन लोगों को खास तौर पर निशाना बनाया गया, जो समृद्ध या प्रभावशाली थे और इसी कारण उनके घरों को अधिकतम नुकसान हुआ। यमुना विहार में सड़क पर स्थित पेट्रोल पंप को सबसे पहले निशाना बनाया गया, जिसे हमलावरों ने आग लगा दी और उसके बाद गली के घरों को भी आग के हवाले

कर डाला। यमुना विहार इलाके में बी-2 ब्लॉक में सड़क पर स्थित घर खासे मूल्यवान हैं। उसी इलाके में जब भीड़ एक स्कूटी को जलाने ही जा रही थी कि एक मुसलिम परिवार ने चिल्लाकर लोगों को बताया कि वे तो मुसलमान हैं और यह सुनते ही भीड़ ने स्कूटी वापस अपनी जगह पर रख दी। इसी तरह क्षेत्र के पार्षद के घर को भीड़ ने मुख्य रूप से निशाना बनाया। दंगे से एक-दो दिन पहले स्थानीय पार्षद हाजी युनूस ने बृजपुरी का दौरा किया और तमाम संपत्तियों की जानकारी लिखकर रख ली और बाद में दंगे होने पर भीड़ ने उन्हें निशाना बनाते हुए जला दिया। नूर-ए-इलाही में भीड़ ने उन तीनों दुकानों को जला दिया, जो हिंदुओं की थीं, जबकि मुसलिमों की किसी भी संपत्ति को हाथ भी नहीं लगाया।

ii. जब भीड़ यमुना विहार के बी-2 ब्लॉक से आगे बढ़ी, उसी समय नूर-ए-इलाही की ओर से एक और भीड़ यमुना विहार क्षेत्र में आई, जबकि तीसरा समूह सी-2 ब्लॉक होते हुए कर्दमपुरी/कबीर नगर की ओर से आया। इस तरह यमुना विहार इलाके के घरों को तीन ओर से घेर लिया गया; तब इन घरों में केवल महिलाएँ और बच्चे थे; उनकी सुरक्षा करने वाला कोई नहीं था। सब परस्पर तालमेल के साथ हो रहा था। किस इलाके को निशाना बनाना है, किस समय निशाना बनाना है, कहाँ से हमलावर मुसलमानों की भीड़ का कौन सा समूह किस रास्ते से होता हुआ आएगा, सब पूर्वनियोजित था। जबकि हिंदू इन सबसे अनजान थे। जब हमला हुआ, उस समय उनकी सुरक्षा के लिए पुलिस भी नहीं थी। भीड़ इलाके में तोड़फोड़ करती है और 100

से अधिक घरों को नुकसान पहुँचाती है, 300 से अधिक संपत्तियों और लगभग 300 गाड़ियों को जला देती है।[80] चश्मदीदों ने बताया कि पुलिसवाले खुद अपनी जान बचाने के लिए भाग रहे थे और उनमें से कुछ पुलिसवाले वहीं के घरों में छिप गए थे।

iii. दंगों में आम आदमी पार्टी नेता ताहिर हुसैन की भूमिका को भी नजरअंदाज नहीं किया जा सकता। सोशल मीडिया एवं समाचार मीडिया में दंगों के दौरान और दंगों के बाद के कई वीडियो सामने आए, जिसमें दिखाया गया है कि दंगाइयों ने आसपास के घरों पर पेट्रोल बमों, गुलेल और पत्थरों से हमला करने के लिए ताहिर के घर को केंद्र बना रखा था।[81] वीडियो में यह भी दिखता है कि उनकी छत पर भीड़ मौजूद थी और उनके घर से एसिड के पैकेट भी मिले। आई.बी. अधिकारी अंकित शर्मा, जिनकी बड़ी ही निर्ममता के साथ हत्या कर दी गई, के परिवारवालों ने बताया कि ताहिर हुसैन के गुंडों ने अंकित शर्मा पर हमला किया था, जिसके बाद ताहिर को गिरफ्तार कर लिया गया।[82]

---

80. अभिषेक डे, हिंदुस्तान टाइम्स, 122 होम्स, 301 व्हीकल्स डैमेज्ड इन दिल्ली रायट्स, सेज इंटरिम डैमेज रिपोर्ट, (03/03/2020), https://www.hindustantimes.com/delhi-news/delhi-riots-122-homes-301-vehicles-damaged-in-mayhem/story-yUqXEVoYZ9Ekm0HpZ1SkbL.html

81. विकास भदौरिया, https://twitter.com/vikasbhaABP/status/1232703622493982720

82. ऑपइंडिया, आप लीडर ताहिर हुसैंस गून्स अटैक्ड हिम, सेज फैमिली ऑफ आई.बी. ऑफिसर मर्डर्ड इन दिल्ली रायट्स, (26.02.2020), https://www.opindia.com/2020/02/aam-aadmi-party-ankit-sharma-murder-delhi-riots-chand-bagh/.

चित्र 25 : चाँदबाग के नाले से निकाला जा रहा अंकित शर्मा का शव।

चित्र 26 : आम आदमी पार्टी के नेता ताहिर हुसैन के घर की छत से बरामद पेट्रोल बम। उनके घर में एसिड पैकेट भी मिले

Ayushmann
@Iam_Ayushmann

Images from rooftop of house of Tahir Hussain. Petrol Bombs and bricks in sacks.#DelhiRiots2020

समान उद्देश्य के लिए भीड़ का संगठित होना

i. गवाही के साथ-साथ अन्य सबूतों/समाचार रिपोर्टों से पता चलता है कि यमुना विहार इलाके के साथ-साथ अन्य क्षेत्रों में हुए हमलों में स्थानीय तथा बाहरी दोनों थे और इनमें बाहरी लोगों की संख्या कहीं ज्यादा थी और स्थानीय लोग भीड़ का नेतृत्व करते हुए उन्हें लक्ष्य बताते जा रहे थे। भीड़ उसपर अमल कर रही थी। यमुना विहार के सी-2 ब्लॉक में रहने वाले एक व्यक्ति ने समिति के सामने गवाही दी कि उसे वहाँ के एक फल बेचने वाले ने बताया था कि ईदगाह में 7,000 से ज्यादा लोग इकट्ठा हुए हैं, जो आज सड़क पर उतरेंगे और ये लोग अंतिम लड़ाई के लिए पूरी तरह तैयार हैं। एक मुसलिम व्यक्ति ने भी गवाही के दौरान माना कि बाहरी लोगों की भीड़ रात में ही आ गई थी और उसने अगले दिन हमला करना/दंगा करना शुरू कर दिया।

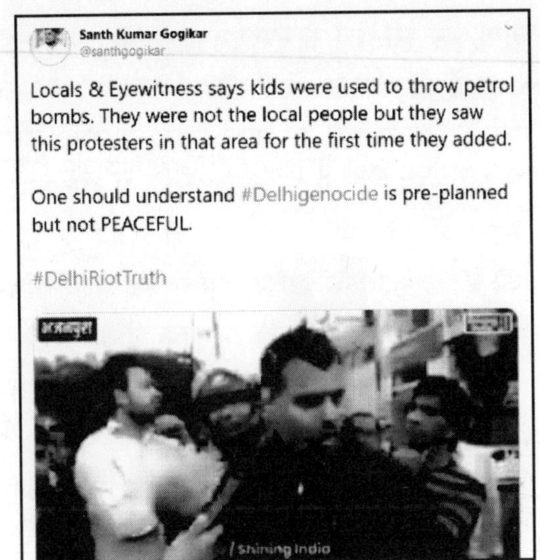

चित्र 27 : एक स्थानीय व्यक्ति यह बताता हुआ कि हमलावरों में ज्यादातर बाहरी थे

ii. ऐसा लगता है कि हमलावर विध्वंसक गतिविधियों में बाकायदा प्रशिक्षित थे, क्योंकि वे समूहों में आगे बढ़ रहे थे और इलाके को घेरकर हमला कर रहे थे। अगर उन्हें कहीं कोई प्रतिरोध मिलता तो तत्काल दूसरी जगह चले जाते, जो बताता है कि उनका इरादा खुद को कम-से-कम नुकसान सहते हुए निशाना बनाए जा रहे लोगों और उनकी संपत्तियों को अधिकतम नुकसान पहुँचाना था। शुरू में दंगाइयों को पुलिस की ओर से भी कोई प्रतिरोध नहीं मिला, क्योंकि या तो पुलिस वहाँ थी ही नहीं या फिर बहुत कम संख्या में थी और वह खुद अपनी जान बचाने के लिए भागी-भागी फिर रही थी, लेकिन शाम को जब अच्छी-खासी संख्या में पुलिस पहुँच गई तो हमलावर भाग खड़े हुए।

iii. हमले को संगठित और पूर्व नियोजित तरीके से अंजाम दिया

गया, यह इस बात से स्पष्ट होता है कि हमलावरों ने मुसलिम इलाकों की ज्यादातर ऊँची इमारतों का इस तरह इस्तेमाल किया कि अधिकतम क्षेत्र को कवर किया जा सके और हमलों का ज्यादा असर पड़े। शिव विहार इलाके में हमलावरों ने राजधानी स्कूल की पाँच मंजिला इमारत, जो इलाके के सबसे ऊँची है, को हिंदू समुदाय के घरों पर हमला करने का नियंत्रण केंद्र बना रखा था। इमारत की छत पर एक विशालकाय गुलेल जैसा उपकरण लगाया गया था, जिससे बड़े-बड़े पत्थर और अन्य चीजों को काफी दूर तक फेंका जा सकता था। इसी इमारत से हिंदुओं के घरों को आग लगाने के लिए पेट्रोल बम फेंके गए। छत पर भारी मात्रा में पत्थर, पेट्रोल बम, एसिड पैकेट ले जाए गए और यह काम आनन-फानन में नहीं, बल्कि पहले से योजना बनाकर ही किया जा सकता था।

चित्र 28 : राजधानी पब्लिक स्कूल की छत पर लगाया गया विशाल गुलेल।

iv. पूरे उत्तर-पूर्वी जिले में भीड़ ने हमला करने के लिए बड़ी मात्रा में पत्थर, पेट्रोल बम, एसिड पैकेट, देसी तमंचे, लाठियों और घर/दुकान तोड़ने के उपकरण का इस्तेमाल किया था और ये सब लंबे समय के दौरान इकट्ठा किए गए थे और यह एक बार फिर ऐसी साजिश की ओर इशारा करता है, जो न केवल पूर्व नियोजित थी, बल्कि कानून की गिरफ्त से बच निकलने के लिए इसे संगठित तरीके से अंजाम दिया गया और इसमें उन्हें कट्टरपंथी गुटों से धन की मदद मिली। इसके अतिरिक्त अंकित शर्मा के शव की पोस्टमार्टम रिपोर्ट बताती है कि उनके पूरे शरीर पर चाकू के 12 से ज्यादा बहुत गहरे-गहरे घाव थे, बेरहमी से पिटाई के 33 निशान थे और 13 जगहों पर चीड़-फाड़ के निशान थे, जिनमें से ज्यादातर जख्म सिर और चेहरे पर थे और प्रहार किसी भोथरी वस्तु से किए गए। यह बताता है कि अंकित शर्मा की हत्या हिंदुओं के दिल में खौफ पैदा करने के लिए आई.एस.आई.एस. की तर्ज पर की गई।[83]

अपने दुर्भावनापूर्ण मंसूबों को पूरा करने के लिए हमलों के साजिशकर्ताओं ने भीड़ को इकट्ठा करने के लिए कई तरीकों का इस्तेमाल किया और उसके बाद उसे हिंदू समुदाय के सदस्यों पर हमले के उद्देश्य को पूरा करने के लिए उकसाया गया। घरों/दुकानों को जलाने के मामलों में भी यह पता चला है कि जहाँ तक संभव हुआ, सबसे पहले भीड़ ने दुकानों और घरों के शटर/फाटक को तोड़ा, जितनी लूटपाट हो सकती थी, की और उसके बाद ही आग लगाई गई। इससे स्पष्ट है कि भीड़ घर/दुकान तोड़ने के औजारों से लैस थी और उसका एक उद्देश्य संपत्ति को लूटना भी था। एक

83. अनन्या भारद्वाज, दि प्रिंट, आई.बी. स्टाफर अंकित शर्मा, किल्ड इन दिल्ली रायट्स, वाज स्टैब्ड 12 टाइम्स एंड हैड 33 ब्लंट इंजरीज, (13.03.2020), https://theprint.in/india/ib-staffer-ankit-sharma-killed-in-delhi-riots-was-stabbed-12-times-and-not-400-times/380720/.

अन्य मामले में डी.आर.पी. स्कूल में हमलावरों ने कक्षा के अंदर घुसकर बोर्ड, डेस्क को नुकसान पहुँचाया और फाइलें भी जला दीं, जिससे छात्रों की मार्कशीट भी नष्ट हो गई। चूँकि यह भीड़ बगल के स्कूल, यानी राजधानी पब्लिक स्कूल से आई थी और हमलावरों के आचरण से भी यह बात साफ होती है कि उन्होंने इसी दौरान अपनी दुश्मनी भी निकाल ली और व्यक्तिगत पूर्वग्रह से ग्रसित होकर भी काम किया।

□

10

वित्तीय मदद

दंगों को धन से सहायता

i. जैसा कि ऊपर बताया गया है, पीड़ितों/लोगों की गवाही से यह बिल्कुल स्पष्ट है कि हमले पूर्वनियोजित थे और सारा कुछ बड़ी सावधानी से तय किया गया था तथा इससे यह भी पता चलता है कि इसमें बड़ी संख्या में विभिन्न राज्यों के लोगों की भागीदारी रही और इसमें बड़ी मात्रा में पेट्रोल बम, एसिड एवं अन्य सामग्री का इस्तेमाल किया गया। जिस तरह हमले दिशा, स्थान और समय के मामले में एक समन्वित प्रयास के तहत किए गए, उससे यह निष्कर्ष निकलता है कि जमीनी स्तर पर सारा इंतजाम करने, लोगों को संगठित करने और फिर साजिश को अंजाम देने में बड़ी संख्या में लोगों की लिप्तता रही होगी।

ii. प्रवर्तन निदेशालय की रिपोर्ट से पता चला है कि पैसे इटट्ठा करने और सी.ए.ए. विरोधी प्रदर्शन को वित्तीय रूप से समर्थन देने में पी.एफ.आई. ने महत्त्वपूर्ण भूमिका निभाई। रिपोर्ट में यह भी कहा गया है कि पी.एफ.आई. के दिल्ली के अध्यक्ष परवेज अहमद आ.आ.पा. सांसद संजय सिंह और उदित राज समेत विभिन्न कांग्रेसी नेताओं के के संपर्क में थे। वह 'भीम आर्मी टॉप 100' और 'यूनिफिकेशन ऑफ मुसलिम लीडर्स' जैसे

व्हाट्सएप ग्रुपों के भी सदस्य थे। कांग्रेसी नेता उदित राज ने इसे स्वीकार किया है कि परवेज सी.ए.ए. के खिलाफ लामबंद[84] होने के लिए तमाम पार्टियों, मुसलिम नेताओं और दलित समूहों से संपर्क कर रहे थे।

iii. रिपोर्ट से पता चलता है कि पी.एफ.आई. ने हिंसक दंगों को भड़काने पर एक महीने में लगभग 120 करोड़ रुपए खर्च किए और उसकी ओर से जाने-माने वकीलों कपिल सिब्बल, इंदिरा जयसिंह और दुष्यंत दवे को भी पैसे दिए गए।[85] इसके अलावा नागरिकता संशोधन विधेयक के संसद् में पारित हो जाने के बाद पी.एफ.आई. और उससे जुड़े संगठन 'रिहैब इंडिया फाउंडेशन' के खातों में एक करोड़ से अधिक रुपए जमा किए गए। जमा करनेवाले की पहचान न हो सके, इसलिए 5,000 से 49,000 तक की राशि डाली गई। दंगों से पूर्व के दस महीने के दौरान चंदे के तौर पर पी.एफ.आई. को 30 लाख रुपए मिले। इनमें से लगभग आधी रकम नकद में मिली। नकद में मिले दान में से लगभग 60-65 प्रतिशत बैंक में जमा किए गए थे, जबकि बाकी को शाहीन बाग स्थित पी.एफ.आई. के राष्ट्रीय मुख्यालय में रखा गया था। 4 दिसंबर, 2019 और 6 जनवरी, 2020 के बीच पी.एफ.आई. के खातों से 1.34 करोड़ रुपए से अधिक की राशि हिंसा भड़काने के लिए कथित तौर पर दंगाइयों में बाँटी गई। पी.एफ.आई. कार्यकर्ताओं और सदस्यों ने कथित

---

84. वही 13

85. ऑपइंडिया स्टाफ, नेक्सस बिटविन कांग्रेस एंड इस्लामिस्ट्स इन स्टोकिंग एंटी-सी.ए.ए. रायट्स? पी.एफ.आई. स्पेंट ओवर 120 करोर्स, ट्रांसफर्ड ह्यूज सम्स टू कपिल सिब्बल एंड इंदिरा जयसिंह : रीड डिटेल्स, (27/01/2020), https://www.opindia.com/2020/01/enforcement-directorate-anti-caa-violence-riots-up-delhi-bengal-pfi-islamic-kapil-sibal-indira-jaising-dushyant-dave-shaheen-bagh/.

रूप से देशभर से पैसे नकद में प्राप्त किए, जिसे उनके क्षेत्रीय हैंडलरों को सौंपा गया और फिर उन्होंने यह नकदी दिल्ली जाकर शाहीन बाग में जमा की।[86]

iv. यह ध्यान देने की बात है कि यू.पी. के विभिन्न हिस्सों में सी.ए.ए. विरोधी प्रदर्शन के दौरान हिंसा भड़काने और लखनऊ में हिंसा की कथित रूप से साजिश रचने के लिए पी.एफ. आई. के 130 से अधिक सदस्यों को गिरफ्तार किया गया।[87] दंगों के बाद इसलामिक स्टेट (आई.एस.) के एक मॉड्यूल के कथित लिंक के लिए जामिया नगर ओखला इलाके से एक दंपती को गिरफ्तार किया गया तथा उसके बाद इसी मामले में पी.एफ.आई. का एक और सदस्य गिरफ्तार किया गया। उक्त दंपती कथित तौर पर इसलामिक स्टेट के खुरासान मॉड्यूल से जुड़ा था और इसे दिल्ली में सी.ए.ए. विरोधी प्रदर्शनकारियों को भड़काने के आरोप में पकड़ा गया था। दंपती मुसलमानों को उकसा रहा था कि सरकार के खिलाफ हिंसक संघर्ष करें।[88]

v. दानिश नाम के एक अन्य पी.एफ.आई. सदस्य को दिल्ली पुलिस के स्पेशल सेल ने सी.ए.ए. विरोधी प्रदर्शन के दौरान दुष्प्रचार फैलाने के लिए गिरफ्तार किया। स्पेशल सेल को सूचना मिली थी कि पी.एफ.आई. ने राष्ट्रीय राजधानी में हिंसा के लिए धन

---

86. वही 12

87. नीलांशु शुक्ला, इंडिया टुडे, 108 पी.एफ.आई. मेंबर्स अरेस्टेड इन लास्ट 4 डेज फॉर इनसाइटिंग वॉयलेंस ड्यूरिंग एंटी–सी.ए.ए. प्रोटेस्ट इन यूपी, (03/02/2020), https://www.indiatoday.in/india/story/uttar-pradesh-108-pfi-members-arrested-inciting-violence-during-anti-caa-protest-1642769-2020-02-03.

88. अरविंद ओझा, इंडिया टुडे, दिल्ली पुलिस डिटेन्स पी.एफ.आई. मेंबर्स लिंक्ड टू कपल विद कनेक्शन टू आई.एस. मॉड्यूल, (09/03/2020 को संशोधित), https://www.indiatoday.in/india/story/delhi-police-arrests-couple-with-connections-to-is-module-recover-material-pointing-to-terror-strikes-1653683-2020-03-08.

और आदमी उपलब्ध कराए थे।[89]

vi. पीड़ितों/प्रत्यक्षदर्शियों की गवाही और मीडिया रिपोर्ट से भी पता चलता है कि दंगों में बड़ी संख्या में बाहरी लोग शामिल थे, जो विध्वंसक गतिविधियों में बाकायदा प्रशिक्षित थे। यह भी पता चला कि जब विरोध की चमक कम होने लगी और लोग प्रदर्शन में भाग नहीं लेने लगे तो लोगों को रोज विरोध में शामिल होने के लिए आठ घंटे की शिफ्ट के हिसाब से रुपए दिए जाने लगे।

vii. ऐसी विध्वंसक गतिविधियों को पूर्व नियोजित, संगठित और समन्वित तरीके से अंजाम देने के लिए खास तरह की विशेषज्ञता, पेशेवर लोगों की लिप्तता और धन की जरूरत होती है। हालाँकि ई.डी. ने इनमें लिप्तता के लिए एक संगठन के तौर पर पी.एफ.आई. की पहचान कर ली है और साजिशकर्ताओं में से एक दानिश को गिरफ्तार भी किया है, लेकिन ऐसा लगता है कि जिस विध्वंसकारी ऑपरेशन को कुछ पेशेवर संगठनों द्वारा करोड़ों रुपए खर्च करके अंजाम दिया गया, उसमें दानिश केवल एक छोटा मोहरा है और इसमें आई.एस.आई. जैसी एजेंसियों और संगठनों की भूमिका होने से इनकार नहीं किया जा सकता।

आतंकवाद की फंडिंग—एक अंतरराष्ट्रीय गठजोड़

दंगों की जाँच के दौरान विधि प्रवर्तन एजेंसियों को इस बात की विश्वसनीय जानकारी मिली कि उत्तर-पूर्वी दिल्ली में हमलों के लिए पाकिस्तान की आई.एस.आई. ने पैसे उपलब्ध कराने से लेकर अन्य प्रबंध भी

89. ए.एन.आई., पी.एफ.आई. मेंबर अरेस्टेड बाई दिल्ली पुलिस; 'वाइडर कॉन्सपिरेसी' बींग इन्वेस्टिगेटेड, (09/03/2020), https://www.aninews.in/news/national/general-news/pfi-member-arrested-by-delhi-police-wider-conspiracy-being-investigated20200309181109/.

किए। एजेंसियों को अंतरराष्ट्रीय फोन कॉल की भी जानकारी मिली है जिसमें संभवत: पाकिस्तानी ऑपरेटरों ने दिल्ली स्थित अपने सूत्रों को इस बात के लिए खरी-खोटी भी सुनाई कि पर्याप्त पैसे उपलब्ध कराने के बाद भी[90] वे सी.ए.ए. विरोधी प्रदर्शन में पर्याप्त संख्या में लोगों को नहीं जुटा पा रहे हैं।

इसके अलावा एजेंसियों ने फलाह-ए-इंसानियत फाउंडेशन (एफ. आई.एफ.) से पूर्व संबंधों के आधार पर इंडोनेशिया के एक गैरसरकारी संगठन के लिए भी लाल झंडी दिखाई है। यह फाउंडेशन पाकिस्तान स्थित आतंकवादी संगठन लश्कर-ए-तैयबा की चैरिटी शाखा है। बताया जा रहा है कि एफ.आई.एफ. उत्तर-पूर्वी दिल्ली में हुए दंगों के नाम पर धन इकट्ठा कर रहा था, जिसे उन मुसलमानों को भेजा जाना था, जिन्होंने इस दंगे में अपने परिवार के किसी सदस्य को खोया, घायल हुए या जिनकी संपत्ति को नुकसान हुआ। इसके अलावा इंडोनेशिया स्थित ए.सी.टी.[91] नाम का एक गैरसरकारी संगठन दिल्ली के दंगा पीड़ितों तक 25 लाख रुपए पहुँचाने का प्रयास कर रहा है और इसके लिए इस एन.जी.ओ. के बोर्ड ऑफ ट्रस्टी के सदस्य दिल्ली के स्थानीय मुसलिम संगठनों से संपर्क कर रहे हैं। यह एन.जी.ओ. खास तरह के फोटो/संदेशों को भी प्रसारित कर रहा है, ताकि अपने सोशल मीडिया हैंडल के जरिए दुष्प्रचार को और अच्छी तरह फैलाया जा सके। इस एन.जी.ओ. का इतिहास बताता है कि यह एक अत्यधिक कट्टरपंथी संगठन है, जिसने बाँग्लादेश के रोहिंग्या मुसलमानों सहित विभिन्न देशों के मुसलिम समुदायों को वित्तीय मदद दी। इस एन.जी.ओ. ने इंडोनेशिया में रोहिंग्या

---

90. शिशर गुप्ता, हिंदुस्तान टाइम्स, इंडियन एजेंसीज प्वाइंट टू पाक लिंक इन एंटी-सी.ए.ए. प्रोटेस्ट्स, (07/03/2020), https://www.hindustantimes.com/india-news/indian-agencies-point-to-pak-link-in-anti-caa-protests/story-qWCiqnXCO285Qsv1rFQJeL.html
91. इंडिया टीवी न्यूज डेस्क, इंडोनेशिया-बेस्ड एन.जी.ओ. लिंक्ड टू हाफिज सईद फंडेड दिल्ली रायट्स : रिपोर्ट, (12/03/2020), https://www.indiatvnews.com/news/india/breaking-indonesia-based-ngo-funded-delhi-riots-hafiz-saeed-link-report-597438

शिविरों[92] की स्थापना में लश्कर-ए-तैयबा के पितृ संगठन जमात-उद-दावा की भी मदद की थी। वर्तमान परिदृश्य इस संदेह को ठोस आधार देते हैं कि भारत तथा भारत के बाहर के कट्टरपंथी/आतंकवादी संगठन रोहिंग्या जैसे प्रवासी मुसलिम संगठनों को धन देकर भारत में अपनी पकड़ मजबूत बनाने की फिराक में हैं।

□

92. शिशिर गुप्ता, हिंदुस्तान टाइम्स, सिक्योरिटी एजेंसीज फ्लैग इंडोनेशिया लिंक टू दिल्ली रायट्स, (14/03/2020), https://www.hindustantimes.com/india-news/security-agencies-flag-indonesia-link-to-delhi-riots/story-ysdToRBSLbjWqp2a0d6u6L.html

11

कथानक, सोशल मीडिया और इंटरनेट

इंटरनेट : कथानक फैलाने का तेज जरिया

इंटरनेट ने वर्तमान दंगों के हर चरण में प्रमुख भूमिका निभाई है; सी.ए.ए. के बारे में गलत सूचना फैलाने से लेकर दंगों से पहले झूठी कहानियाँ गढ़ने, दंगों के दौरान इसे हवा देने और दंगों के बाद मुसलिम समुदाय को पीड़ित के तौर पर पेश करने तक। भारत में लोगों को सोशल मीडिया की लत है और यह व्हाट्सएप, फेसबुक, ट्विटर, इंस्टाग्राम इत्यादि का सबसे बड़ा बाजार बन गया है। कथानक को प्रभावित करने की सोशल सोशल नेटवर्किंग वेबसाइटों की शक्ति के कारण ही तमाम समुदायों से लेकर राजनेताओं, सामाजिक कार्यकर्ताओं और व्यापारी वर्ग तक के लिए ये अपने प्रचार प्रसार, विचारधाराओं और मान्यताओं को फैलाने का माध्यम बन गए हैं तथा तत्काल संचार की ताकत के कारण इंटरनेट इसका सर्वाधिक प्रभावी जरिया बन गया है।

ऑडियो और वीडियो के तत्काल संचार के साथ प्रसार की खासियत इसे विशेष बनाते हैं तथा इससे होनेवाला प्रभाव; एक साथ कई स्थानों पर पोस्ट करने, फॉरवर्ड करने, शेयर करने जैसे विकल्पों के कारण; भी बढ़ जाता है और इससे जो परिणाम प्राप्त होता है, वह किसी भी और माध्यम

से संभव नहीं था और यह किसी भी समुदाय की सोच से परे थे। जब ऑडियो-वीडियो कथानकों को किसी समुदाय या उसके नेता द्वारा पोस्ट किया जाता है तो इसका अधिक असर होता है, क्योंकि तब उन कथानकों को कहीं ज्यादा विश्वसनीय माना जाता है और जब किन्हीं जाने-पहचाने व्यक्ति द्वारा इसे फॉरवर्ड या लाइक किया जाता है तो यह अचूक प्रभाव डालनेवाला बन जाता है। सबसे बड़ी बात, जितनी आसानी से नकली चित्र और वीडियो बनाए जा सकते हैं, उससे उपद्रवियों को इस बात का पर्याप्त अवसर मिल जाता है कि वे इस तरह तैयार की गई किसी झूठी सामग्री के माध्यम से आम लोगों या फिर किसी समूह विशेष के अपने अनुयायियों के बीच खास तरह के कथानक को विकसित कर सकें, जो न केवल सच्चा लगता हो, बल्कि संबद्ध समुदाय के लोग बड़ी संख्या में उसकी पुष्टि कर रहे हों।

इंटरनेट/सोशल मीडिया के जरिए
फेक न्यूज के हथियार से दंगों को भड़काना—
दलित हिंसा में फेसबुक का व्यापक तौर पर
दुष्प्रचार फैलाने के लिए इस्तेमाल

फेसबुक पर एक वीडियो अपलोड किया गया था, जिसमें आंबेडकर हॉस्टल में मुट्ठी भर छात्रों को संबोधित करते हुए एक युवक मुसलिमों और दलितों को एक साथ विरोध करने के लिए कह रहा था। 2017 के दलित दंगे में दुष्प्रचार फैलाने के लिए फेसबुक को एक घातक हथियार के तौर पर इस्तेमाल किया गया था। उपरोक्त वीडियो और इसके जैसे तमाम अन्य वीडियो फॉरवर्ड, शेयर और लाइक के जरिए जंगल की आग की तरह पूरे देश में फैल गए, जिनका खास समुदाय के लोगों पर व्यापक प्रभाव पड़ा और अंततः हिंसा और दंगों में अचानक तेजी आ गई। पूरे दंगे को कुछ कट्टरपंथी

समूहों ने झूठे और घृणा फैलाने वाले भाषणों के जरिए भड़काया था और उनका उद्देश्य दलित समुदाय को जातिगत आधार पर विभाजित कर सामूहिक विरोध[93] में शामिल करना था।

मीडिया/सोशल मीडिया के जरिए अफवाहों को रोकना—

अयोध्या मामले में फैसला, अनुच्छेद 370 निरस्त होना

इन दोनों फैसलों का सामाजिक, राष्ट्रीय और राजनीतिक तौर पर प्रभाव पड़ा था। दोनों ही मामलों में हिंदू-मुसलिम समुदायों को प्रभावित किया जा सकता था, लेकिन दंगों को इसलिए टाला जा सका कि मीडिया/सोशल मीडिया ने पारदर्शी तरीके से तथ्यों को सामने रखा, जिससे अफवाह नहीं फैलाई जा सकी और कट्टरपंथी समूहों को हालात का फायदा उठाने का मौका नहीं मिला। इसने विभिन्न समुदायों के बीच शांति और सद्भाव स्थापित करने में मदद की, जिससे सांप्रदायिक दंगों और तनाव को टाला जा सका।[94]

तेज दुष्प्रचार अभियान को तोड़ने के लिए सही सूचना को उसी या उससे अधिक तेजी के साथ उपलब्ध कराना ही पर्याप्त नहीं है, बल्कि सोशल नेटवर्किंग वेबसाइटों या इंटरनेट माध्यम से गलत सूचनाओं के प्रसार को रोकना और इंटरनेट को अवरुद्ध करना, ऐसी सामग्री को हटाना/ अवरुद्ध करना, नकली प्रोफाइल को हटाना, ऐसे अपराध करनेवालों को

---

93. मौसमी सिंह, इंडिया टुडे, फेसबुक बींग यूज्ड एज वीपन ऑफ मास प्रोपेगैंडा इन दलित वॉयलेंस, (04/04/2018) https://www.indiatoday.in/india/story/facebook-being-used-as-weapon-of-mass-propaganda-in-dalit-violence-1204870-2018-04-04.

94. News18.com, इन वेक ऑफ अयोध्या वर्डिक्ट, यू.पी. पुलिस ऑन कॉन्सटेंट अलर्ट; डी.जी.पी. सेज सोशल मीडिया बींग 'मॉनीटर्ड', (12/11/2019), https://www.news18.com/news/india/in-wake-of-ayodhya-verdict-up-police-on-constant-alert-dgp-says-social-media-being-constantly-monitored-2383659.html.

सजा देना, उपयोगकर्ताओं को इस बात के लिए शिक्षित और जागरूक करना कि वे सही परिप्रेक्ष्य वाली सामग्री को प्रोत्साहित करें और किसी भी संदेश को फॉरवर्ड करने या उसपर भरोसा करने से पहले उसकी सत्यता की जाँच करें।

आपराधिक उद्देश्यों के लिए सूचना और संचार प्रौद्योगिकी के उपयोग का मुकाबला

अपराधियों द्वारा या राज्य के खिलाफ सूचना और संचार प्रौद्योगिकियों के इस्तेमाल को रोकने के लिए इंटरनेट नियंत्रण के उपाय की अंतरराष्ट्रीय समुदाय ने सराहना की है। संयुक्त राष्ट्र ने साइबर अपराध पर एक नया सम्मेलन बनाने के लिए रूस के नेतृत्व में 18/11/2019 को एक प्रस्ताव को मंजूरी दी, जो सूचना संबंधी उल्लंघनों को आपराधिक कृत्य बनाता है, ऑनलाइन अभिव्यक्ति की स्वतंत्रता को नियंत्रित करता है, इंटरनेट के सरकारी नियंत्रण को बढ़ावा देता है और इसके अलावा ऐसे अपराधों पर सरकारों को संपत्ति जब्त करने का अधिकार भी देता है। यह प्रस्ताव 88–58 से पारित हुआ, जबकि 34 देश इस दौरान उपस्थित नहीं हुए। यह प्रस्ताव साइबर अपराधों की जाँच के लिए एक दल के गठन और ऐसे अपराधों को रोकने के लिए एक सम्मेलन बुलाने का इरादा रखता है।[95]

95. बिजनेस स्टैंडर्ड, यू.एन. बैक्स रशिया ऑन इंटरनल कन्वेंशन, अलार्मिंग ऑनलाइन राइट्स एडवोकेट्स, (28/12/2019), https://www.business-standard.com/article/technology/un-backs-russia-on-internet-convention-alarming-online-rights-advocates-119122800126_1.html.

चित्र 29 : 23 फरवरी, 2020 को आलम इरशाद द्वारा फैलाया गया फेक न्यूज, जबकि वास्तव में हिंसा हुई ही नहीं थी[96]

इंटरनेट/सोशल मीडिया के जरिए गलत सूचना फैलाना

दंगों और सी.ए.ए. विरोधी प्रदर्शन के साजिशकर्ता इंटरनेट और सोशल मीडिया की इस ताकत को अच्छी तरह जानते थे। उन्होंने गलत सूचना, दुष्प्रचार फैलाने तथा लोगों को इस झाँसे में डालने के लिए इसका इस्तेमाल किया। कट्टरपंथी समूहों ने झूठे प्रचार की सामग्री तैयार करने, उसे आम लोगों तक पहुँचाने से लेकर प्रदर्शनों तथा दंगे कराने और इसके लिए जरूरी

96. 23 फरवरी, 2020 को 15:06 बजे आलम इरशाद ने फेक न्यूज फैलाई जबकि वास्तव में तब कोई हिंसा नहीं हुई थी, https://www.facebook.com/alam.irshad.779?ref=br_rs

तालमेल बैठाने में इसी इंटरनेट का इस्तेमाल किया, इस तरह दंगे एक ख़ास इलाके में भड़काए गए।

Sanjeev Newar संजीव नेवर @SanjeevSanskrit · Feb 25
Can @mihira_sood share details of this case. Have been meeting victims and accused whole day and did not hear about it anywhere. If it is unverified, she must apologize for spreading lies that instigate violence.

Mihira Sood
@mihira_sood

I just heard about a 9 month old baby being burnt alive in her house in the Delhi riots. Her mother pleaded with the Hindu mob to let her get her child out

25 215 368

सोशल मीडिया और समाचार मीडिया पर दिखाई जा रही तसवीरें जमीनी हकीकत से एकदम उलट थीं। सीलमपुर क्षेत्र के कई स्थानीय लोगों ने 23 फरवरी को ही बताया था कि स्थानीय महिला प्रदर्शनकारी सड़क अवरुद्ध करने की 'पिंजरा तोड़' की योजना से असहमत थीं, लेकिन इसके जवाब में पिंजरा तोड़ समूह ने नारा दिया, "कफन बाँध के आए हैं, जो हमारे साथ नहीं, वो देश का गद्दार है।" इन लोगों का आरोप है कि जब वे क्षेत्र में शांति बनाए रखने की कोशिश कर रहे थे, तो पिंजरा तोड़ जैसे संगठन लोगों को हिंसा के लिए भड़का रहे थे और उनके दुस्साहसों का खामियाजा स्थानीय लोगों को भुगतना पड़ा। यह भी कहा गया कि पिंजरा तोड़ ने इसके पहले भी सीलमपुर में कई बार सड़क को जाम करने की कोशिश की, लेकिन स्थानीय लोगों के हस्तक्षेप के कारण वह असफल हो गया था।

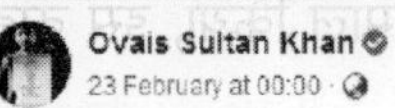

Ovais Sultan Khan · Follow

23 February at 00:00

#SOS #Seelampur:

Because of fantasies of elite civil society and group such as Pinjra Tod, we the locals of Seelampur and trans-Yamuna are in great trouble. All localities are worried. There is panic everywhere. They repeatedly incited violence and today they blocked Jafrabad main road.

We the locals still have the wounds of 1992, 2006, and recent violence against us by state where none of them stood with us.

Very very irresponsible behavior.

When some local women protesters disagreed with road block plans, Pinjra Tod leaders said:

"Kafan bandh ke aaye hain, jo humare sath nahi wo desh ka Gaddar hai."

In Delhi Gate Daryaganj, the same Pinjra Tod did fight with Police, but none of them got arrested. They ran away. Our local people got arrested and facing trials.

For their adventures, we suffer badly.

We are trying hard to prevail peace in our area. We can't allow any kind of violence.

Pinjra Tod made several attempts in the past to do the same in trans Yamuna protest sites which we stopped in the past. And said categorically that our protests will remain nonviolent.

Please pray for us. And help us stopping this kind of adventures in our localities by outsiders.

Appeal issued by:
Concerned citizens of Seelampur, Jafrabad and Trans-Yamuna

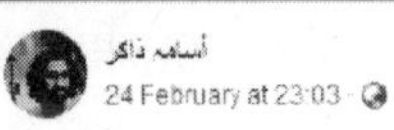

أسامه ذاكر

24 February at 23:03

It would be naive to blame Chandrashekhar for the losses Muslim neighbourhoods suffered yesterday and today. In my assessment, Pinjra Tod would be the real culprit behind untimely provocations of unwise blockades that brought this violent turn of events in Seelampur before spreading to other sites.

Pinjra Tod made multiple attempts even before to block the road in Seelampur and failed because of the intervention of locals who historically understand how this Muslim neighbourhood can become a convenient target of state-sponsored violence. However, they ultimately succeeded the night before in blocking the road to the appreciation of civil society. Ovais Sultan Khan and numerous other locals made attempts to rationalise keeping the protests within the enclosure that eventually turned out totally unpersuasive.

Now, we may probably see representatives of the organisation sitting in tv studios proudly talking about brave women of Seelampur who could eventually discover their potential with just a little help. Blood lost will dry up quick. Lives lost will soon be forgotten.

This is where all neighbourhoods must ensure their protests are strictly community-based; managed and run by the locals. Have artists, performers, speakers and volunteers from elsewhere but determine the course of action yourselves.

शाहीन बाग विरोध प्रदर्शन के मास्टरमाइंड शरजील इमाम ने ए.एम.यू. का दौरा किया था, जहाँ उसने स्पष्ट तौर पर अपनी कार्ययोजना का खुलासा किया था और मुसलमानों से देश के 500 शहरों में, विशेष रूप से उत्तर भारत में 'चक्का जाम' करने का आह्वान किया था। बाद में 17 जनवरी, 2020 को जे.एन.यू. के छात्र और आई.आई.टी. बॉम्बे के पूर्व छात्र शरजील ने एक बार फिर ए.एम.यू. में ही असम और उत्तर-पूर्वी भारत को शेष भारत से काटने के अपने मुख्य उद्देश्य का खुलासा किया। उसने लोगों को संबोधित करते हुए गलत जानकारी दी कि असम के मुसलिमों को तो पहले से ही हिरासत केंद्रों में बंदी बनाकर रखा गया है और जोर देकर कहा कि असम में एन.आर.सी. को लागू होने से रोकने के लिए मुसलिमों को असम में भारतीय सेना की आपूर्ति को रोकना होगा।[97] इस संबोधन से जुड़े वीडियो को इंटरनेट पर हजारों लोगों ने देखा और इस तरह बड़े पैमाने पर गलत सूचना और उकसाने वाली सामग्री को फैलाया गया। एक वीडियो खूब देखा जा रहा था, जिसमें कुछ लोगों को एक मसजिद की गुंबद पर चढ़ते दिखाया गया था। कथित तौर पर यह मसजिद न्यू अशोक नगर में थी, जिसे सोशल मीडिया पर 'बाबरी मसजिद' कहकर वायरल किया गया था। हालाँकि जमीनी रिपोर्टों ने इस फर्जी खबर का बुलबुला फोड़ दिया। स्थानीय लोगों ने दावा किया कि एक शिव मंदिर को निशाना बनाया गया था और मंदिर के भीतर घुसकर हमला किया गया तथा गोलियाँ चलाई गईं, जिसकी प्रतिक्रिया में लोगों ने मसजिद पर हमला किया।[98]

उत्तर-पूर्वी जिले की एक खास बात यह भी है कि इलाके में रहनेवाला मुसलिम समुदाय मोटे तौर पर गरीब और अशिक्षित हैं। वे लोग खुद से

---

97. इंडिया टी.वी. न्यूज डेस्क, एम इज टु कट असम एंड नॉर्थ ईस्ट फ्रॉम इंडिया : जे.एन.यू. स्टूडेंट शरजील इमाम, (25.01.2020), https://www.indiatvnews.com/news/india/sharjeel-imam-says-cut-off-assam-and-northeast-from-india-shaheen-bagh-protest-582837
98. संजीव नेवार, twitter.com/SanjeevSanskrit/status/12333829-95207184384

सी.ए.ए. के निहितार्थों को नहीं समझ पाए और स्थानीय नेताओं व मौलवियों की ओर से समझाई गई बातें उन्हें विश्वसनीय लगीं, क्योंकि सी.ए.ए. के बाद उनमें असुरक्षा की भावना भर दी गई थी। विपक्षी दलों के बयान और यहाँ तक कि राष्ट्रीय स्तर के मुसलिम नेता भी जो बातें कह रहे थे, वे भ्रामक थीं तथा इन्हें गलत मंशा के साथ फैलाया जा रहा था तथा स्थानीय नेताओं, मौलवियों और कट्टरपंथी समूहों ने समाज में अपनी स्थिति मजबूत करने के लिए इन बातों को और तोड़-मरोड़कर पेश किया, जिससे कि स्थानीय अशिक्षित आबादी को बरगलाकर हिंदुओं पर हमला कराया जा सके।

इसे अंजाम देने के मकसद से कट्टरपंथी समूहों ने संदेश, वीडियो, तसवीरें आदि को फैलाने के लिए बड़े पैमाने पर ट्विटर, फेसबुक, इंस्टाग्राम, यहाँ तक कि टिकटॉक जैसे प्लेटफार्मों का इस्तेमाल किया।[99] इन प्लेटफॉर्म पर अजीब अराजकता सी स्थिति हो गई, जिसमें अफवाहों[100], उत्तेजक और भड़काने वाली सामग्री[101], नफरती बयान[102] से लेकर लोगों को किसी जगह

99. प्रियश्री दासगुप्ता, हफिंगटन पोस्ट, मोदीजी, स्ट्राइक विद लाठीज : ऑन टिकटॉक, पीपुल आर रोमांसिंग दिल्ली रायट्स, (03/03/2020), https://www.huffingtonpost.in/entry/tiktok-delhi-riots_in_5e5d0553c5b6beedb4ee9a28?guccounter=1&guce_referrer=aHR0cHM6Ly93d3cuZ29vZ2xlLmNvbS8&guce_referrer_sig=AQAAAKLo269gXBdxnyRLG8aNUg5FLtd3EwxRP8m6m88qSZx6LwLVA66jb-99t8opeij8AUB8XdZinloLWPOhFxJsY1wyvH1tTGUqcpi22CH8PPRDiShZ4r1RVo6S32a5GCKxS9z1caEKjm4rq9il8qAYcSv2je3GYvep2KIHSVJVwqtd

100. एच.टी. संवाददाता, संवाददाता, 24-ईयर ओल्ड, विद 10,000 ट्विटर फॉलोअर्स, हेल्ड फॉर यूमर्स अबाउट दिल्ली रायट्स, (02/03/2020), https://www.hindustantimes.com/india-news/24-year-old-with-10-000-twitter-followers-held-for-rumours-about-delhi-riots/story-OmuM0MX3V9gfRI3aDgXKiJ.html.

101. ए.एन.आई., दिल्ली वॉयलेंस : 13 केसेज रजिस्टर्ड फॉर पोस्टिंग प्रोवोकेटिव कंटेंट ऑन सोशल मीडिया, (29/02/2020), https://www.aninews.in/news/national/general-news/delhi-violence-13-cases-registered-for-posting-provocative-content-on-social-media20200229220234/.

102. वेब डेस्क, दि वीक, वॉच : केरल पुलिस अरेस्ट 'आर.एस.एस. वर्कर' फॉर हेट स्पीच ऑन दिल्ली वॉयलेंस; ट्रोल हिम इन वीडियो, (26/02/2020), https://www.theweek.in/news/india/2020/02/26/watch-kerala-police-arrest-rss-worker-for-hate-speech-on-delhi-violence-troll-him-in-video.html

पर जमा होने[103] का संदेश भेजने के लिए इस्तेमाल किया जा रहा था। विरोध और दंगे दिल्ली तक ही सीमित नहीं रह सके, क्योंकि बड़े स्तर पर गलत सूचनाओं को फैलाया जा रहा था और इसने पूरे देश में समस्या पैदा करने वाली परिस्थितियाँ पैदा कर दीं।[104]

चित्र 30 : दंगा प्रभावित इलाके में दीवार पर लिखे राष्ट्रविरोधी नारे।

दंगे के बाद का माहौल

कट्टरपंथी समूहों ने इंटरनेट/सोशल मीडिया का उपयोग कर गलत सामग्री को तैयार करने, हिंदुओं पर बड़े पैमाने पर हमले के लिए आम लोगों को उकसाने से लेकर सांप्रदायिक दंगों को और फैलाने तक सबकुछ पहले से ही तय कर रखा था। बाहर के अपराधियों, एसिड हमलों, पेट्रोल बमों के

103. वही

104. नीलांजन सरकार, दि प्रिंट, नॉट ऑल कम्युनल रायट्स आर लोकल, सोशल मीडिया इज मेकिंग देम नेशनल, (04/03/2020), https://theprint.in/opinion/not-all-communal-riots-local-social-media-is-making-them-national/375277/.

संगठित इस्तेमाल तथा दंगों के लिए की गई अन्य पूर्व तैयारियाँ इन कट्टरपंथी समूहों के गैरकानूनी मंसूबों को स्पष्ट रूप से उजागर करती हैं, इनके खिलाफ मुकदमा चलाने का ठोस आधार बनाती हैं और राष्ट्रीय तथा अंतरराष्ट्रीय समुदाय के सामने उनके चेहरे को बेनकाब करती हैं। ये कट्टरपंथी समूह दंगों के बाद भी दुष्प्रचार अभियान में जुटे रहे, जिससे मुसलिम समुदाय पर हमलों की साजिश रचने और इसपर अमल करने की जिम्मेदारी सरकार एवं हिंदू समुदाय पर डाली जा सके।

- आखिर कट्टरपंथी समूह गलत सूचना फैलाने में क्यों सफल रहे? हमें यह समझना होगा कि साइबर दुनिया कोड से बनी है और यह किसी भी भाषा को नहीं समझती है। 1999 में प्रोफेसर लॉरेंस लेसिज ने साइबर न्यायशास्त्र सिद्धांत 'कोड इज लॉ' में कहा है कि सभी इंटरनेट प्रोटोकॉल के लिए कोड बुनियादी संरचना है। अगर आप साइबर स्पेस को नियंत्रित करना चाहते हैं, तो आप कोड को नियंत्रित करके ही ऐसा कर सकते हैं। इसीलिए जब आप इंटरनेट पर कुछ खोजते हैं तो कोई जानकारी इस आधार पर सबसे पहले नहीं आती कि वह सही है या नहीं, बल्कि सबसे ऊपर वह जानकारी आती है, जिसे सबसे अधिक बार पोस्ट किया गया, लाइक किया गया या फिर देखा गया।

  साइमन वेकर्ट ने लगभग तीन साल पहले बर्लिन में मई दिवस प्रदर्शन के दौरान पाया कि गूगल मैप वहाँ पर जबर्दस्त ट्रैफिक जाम दिखा रहा था, क्योंकि उस प्रदर्शन में शामिल ज्यादातर लोगों के पास मोबाइल फोन थे, लेकिन सड़क पर एक भी कार नहीं थी।[105]

  इस प्रकरण से सीख लेते हुए वेकर्ट ने अपने दोस्तों और उधार पर मोबाइल फोन देनेवाली कंपनियों से कुल 99 फोन का इंतजाम किया और उन्हें एक छोटे से लाल वैगन में डालकर सड़क पर निकल गए। इस

105. ब्रॉयन बैरट, वाइड, एन आर्टिस्ट यूज्ड 99 फोन्स टु फेक ए गूगल मैप्स ट्रैफिक जाम, (02/03/2020) https://www.wired.com/story/99-phones-fake-google-maps-traffic-jam/.

तरह गूगल मैप चकमा खा गया और उसने यह नतीजा निकाल लिया कि उस सड़क पर भारी भीड़ है।

कट्टरपंथी समूहों ने बिल्कुल ऐसा ही किया। इन समूहों ने अपने सदस्यों के माध्यम से सोशल नेटवर्किंग वेबसाइटों पर सैकड़ों खाते बनाए और उनके द्वारा पोस्ट किए गए संदेशों को इन एकाउंट्स के माध्यम से फॉरवर्ड, लाइक और शेयर किया गया तथा इस तरह इसे व्यापक तरीके से फैलाया गया, जिसका आम लोगों पर जबर्दस्त असर हुआ और वे इनके द्वारा फैलाए झूठ पर भरोसा करने लगे।

- कुछ ट्विटर अकाउंट ऐसे थे, जिनके पोस्ट 1000 बार फॉरवर्ड किए गए

एक और कारण, जिसने इन षड्यंत्रकारियों को झूठ और दुष्प्रचार फैलाने में मदद की, वह थी नियामकों के माध्यम से गलत सूचना अभियानों को नियंत्रित करने या सोशल मीडिया को आवश्यक निर्देश देकर उसे नियंत्रित करने के लिए सरकार की ओर से कोई कदम नहीं उठाना। इसके अतिरिक्त सरकार ने न तो फैलाई जा रही गलत सूचना की काट के लिए कोई विशेष कार्यक्रम चलाया और न ही गरीब और अशिक्षित लोगों के बीच, खास तौर पर उत्तर-पूर्वी दिल्ली जैसे इलाके में सी.ए.ए. पर पारदर्शिता लाने की कोशिश की।

□

सिफारिश

i. जान–माल की हानि के लिए पीड़ितों को तत्काल और बिना किसी भेदभाव के मुआवजा दिया जाना चाहिए।

ii. सामान्य स्थिति बहाल करने और दंगों से प्रभावित लोगों के इलाके से पलायन को रोकने के लिए विश्वास बढ़ाने के उपाय शुरू किए जाएँ।

iii. अपराधियों की पहचान करने और उन पर मुकदमा चलाने के लिए आम लोगों तथा राष्ट्रीय/अंतरराष्ट्रीय मीडिया से इलेक्ट्रॉनिक साक्ष्य इकट्ठा करना।

iv. सोशल मीडिया पर गलत सूचना फैलाने के साजिशकर्ताओं की पहचान करना और उनके खिलाफ मुकदमा चलाना।

v. नामित अदालतों में दंगा मामलों की सुनवाई को तेज किया जाए।

vi. पुलिस–तंत्र को पहले से ही खुफिया जानकारी जुटाने की कोशिश करनी चाहिए थी।

vii. रोहिंग्याओं के माध्यम से दंगा भड़काने में बांग्लादेशी समूहों, आतंकवादी/इसलामिक संगठनों की भूमिका की जाँच हो।

viii. उन संगठनों/गुटों/व्यक्तियों की पहचान हो, जिन्होंने इन गतिविधियों के लिए धन मुहैया कराया, उनके खिलाफ सख्त काररवाई की जाए।

ix. सी.ए.ए. के बारे में लोगों के अकारण भय को दूर करने की पहल की जाए।

x. गलत सूचना फैलानेवाले अपराधियों पर मुकदमा चलाने के लिए सरकारी एजेंसियों द्वारा वास्तविक समय के आधार पर सोशल मीडिया की सतत निगरानी।

xi. मध्यवर्ती/सोशल मीडिया प्लेटफॉर्म व्हाट्सएप द्वारा गुमनाम रहकर संदेश भेजने के प्रावधान को खत्म कराना।

xii. नफरती बयानों और दुष्प्रचार अभियानों को बढ़ा रहे फर्जी समाचार वेबसाइटों की पहचान कर उनके खिलाफ मुकदमा चलाना।

xiii. पी.एफ.आई., आई.एस.आई. तथा अन्य अंतरराज्यीय और अंतरराष्ट्रीय समूहों की लिप्तता को देखते हुए मामले की जाँच एन.आई.ए. के स्तर पर की जानी चाहिए।

xiv. देश के किसी भी हिस्से में भविष्य में ऐसी घटनाओं की पुनरावृत्ति को रोकने के लिए प्रभावी कदम उठाना।

□

दिल्ली दंगों का मास्टरमाइंड

योजना के तहत 24 फरवरी को हमने कई लोगों को बुलाया और उन्हें बताया कि कैसे पत्थर, पेट्रोल बम और एसिड बोतल फेंकनी हैं। मैंने अपने परिवार को दूसरी जगह शिफ्ट कर दिया। 24 फरवरी, 2020 को दोपहर करीब 1.30 बजे हमने पत्थर फेंकना शुरू कर दिया।

आम आदमी पार्टी ने मसजिदों और मदरसों के अपने अच्छे नेटवर्क और ताहिर हुसैन, अमानतुल्ला खान जैसे नेताओं के दम पर ही पूरी दिल्ली के मुसलमानों का वोट हासिल कर लिया।

अब दिल्ली पुलिस की पूछताछ में ताहिर हुसैन ने दंगों में अपनी भूमिका स्वीकार कर ली है लेकिन पूछताछ में अब भी वह आम आदमी पार्टी के अपने आकाओं को बचाते हुए जान पड़ते हैं, जिनसे दंगों के दौरान वह संपर्क में थे। इस आशय की खबर समाचार माध्यमों में पहले आ चुकी है।

ताहिर के अनुसार 2017 में जब वह आम आदमी पार्टी का पार्षद बना, उसी वक्त वह कौम के लिए कुछ करना चाह रहा था। इसके लिए उसने राजनीति और रुपयों की ताकत पर हिंदुओं को सबक सिखाने पर विचार किया।

राजनीतिक शक्ति और पैसों के दम पर कौम के काम आने की राह ताहिर हुसैन को खालिद सैफी ने दिखाई। सैफी ने ताहिर से कहा कि उसके पास राजनीतिक पावर और पैसा दोनों हैं, जिनका इस्तेमाल हिंदुओं के खिलाफ और कौम के लिए किया जा सकता है। सैफी ने यह कहने के साथ

कदम-कदम पर मदद का भी भरोसा दिलाया। कश्मीर में धारा 370 हटने के बाद खालिद सैफी ताहिर के पास आया और बोला की इस बार हम चुप नहीं बैठेंगे। 370 के बाद राम मंदिर का भी फैसला आ गया और सी.ए.ए. का कानून भी आ गया। इन कानूनों के बन जाने के बाद ही ताहिर को लगा कि कौम के लिए कुछ करने का सही समय आ गया है।

दिल्ली के चाँदबाग इलाके में हुई आई.बी. के युवा अधिकारी अंकित शर्मा की हत्या में पहले ही 25 फरवरी को दिल्ली पुलिस की क्राइम ब्रांच ने चार्जशीट दाखिल कर दी है। क्राइम ब्रांच ने पूर्व आप पार्षद ताहिर हुसैन समेत कुल 10 आरोपियों के खिलाफ चार्जशीट दायर की थी।

ताहिर ने पुलिस की पूछताछ में 8 जनवरी को पी.एफ.आई. के शाहीन बाग स्थित दफ्तर में जे.एन.यू. के छात्र नेता उमर खालिद से मिलने की बात स्वीकार की। दोनों की ये मुलाकात खालिद सैफी ने करवाई थी। पहली ही मुलाकात में उमर खालिद ताहिर हुसैन के सामने मरने-मारने की बात करने लगा। उसने ताहिर को विश्वास दिलाने की कोशिश की कि कौम के लिए वह कुछ भी कर सकता है। इसी बातचीत के दौरान पी.एफ.आई. के दानिश का जिक्र आया। खालिद सैफी ने कहा कि वह पैसों का सारा इंतजाम कर देगा। दंगों के दौरान पैसे खर्च भी हुए। पिछले दिनों यह बात सामने आई थी कि एक करोड़ से अधिक रुपए ताहिर ने नकद खर्च किए। इससे इतना तो तय होता ही है कि बहुत सारा पैसा अलग-अलग माध्यमों से दंगे के नाम पर आया और इस्तेमाल भी हुआ।

पी.एफ.आई. के दफ्तर में पहली मुलाकात के अंदर यही तय हुआ कि कुछ ऐसा करना है कि मुसलमानों के विरोध के आगे सरकार घुटने टेक दे और वह सी.ए.ए. कानून वापस लेने को मजबूर हो जाए। उस वक्त तक अमेरिकी राष्ट्रपति डोनाल्ड ट्रंप के भारत आने की जानकारी सामने नहीं आई थी। संभव है कि कालांतर में जब ट्रंप के भारत यात्रा की खबरें समाचार माध्यमों में आईं, उसके बाद दंगों की तारीख तय हुई हो।

ताहिर हुसैन ने काम के बँटवारे की बात की। काम के बँटवारे पर आने से पहले प्रश्न यह है कि ताहिर हुसैन ने खुद को पूछताछ में पूरे दंगे का मास्टरमाइंड बताया लेकिन इस दंगे का टास्क मास्टर कौन थे, उनका नाम अब तक सामने नहीं आया। जिनके इशारे पर ताहिर जैसे लोग काम कर रहे थे और जो इन सबकी हर तरह की मुश्किलें आसान कर रहे थे।

ताहिर के अनुसार—उसे अधिक-से-अधिक काँच की बोतलें, पेट्रोल, तेजाब, पत्थर, इकट्ठा कर अपने घर की छत पर रखने का टास्क दिया गया था। इसीलिए दंगे के दिन सुबह-सुबह चार बजे भजनपुरा पेट्रोल पंप पर लंबी कतार लगी थी। यह जानकारी एक प्रत्यक्षदर्शी ने दी। इतनी सुबह दिल्ली के यमुना पार के किसी पेट्रोल पंप पर इतनी भीड़ कोई सामान्य बात नहीं थी। दूसरी तरफ खालिद सैफी पर मुसलमानों को भड़काकर सड़क पर लाने की जिम्मेदारी थी। खालिद ने अपनी मित्र इशरत जहाँ के साथ मिलकर खुरेजी में शाहीन बाग की तर्ज पर धरना-प्रदर्शन शुरू करवाया भी था, जिसके बाद पूरी दिल्ली में छोटे-छोटे प्रदर्शन प्रारंभ हुए।

इस बैठक के बाद ताहिर अपने काम पर लग गया। ताहिर ने ही पूछताछ में दिल्ली पुलिस को बताया—"मैंने उस दौरान कबाड़ी से शराब और कोल्ड ड्रिंक की खाली बोतलें लेकर छत पर इकट्ठा करना शुरू कर दिया। वहीं घर के पास चल रही कंस्ट्रक्शन साइट से पत्थर इकट्ठा कर छत पर रखवा दिए। अपनी चारों गाड़ियों में फुल पेट्रोल-डीजल भरकर रख लिया ताकि वक्त आने पर बोतलों में पेट्रोल-डीजल भरकर बम की तरह उनका इस्तेमाल किया जा सके।"

ताहिर ने दिल्ली दंगों की योजना और कार्यान्वयन पर पहली बातचीत 4 फरवरी को की। यह बातचीत खालिद सैफी के साथ अबू फजल एनक्लेव में हुई थी। इसमें ताहिर को विश्वास दिलाया गया कि वह पैसों की चिंता बिल्कुल न करे। पैसों के इंतजाम में पी.एफ.आई., जामिया कॉर्डिनेशन कमेटी, कई नेता, वकील व कई मुसलिम संगठन मदद कर रहे हैं। संयोगवश

इसी अबू फजल एनक्लेव से उमर खालिद के अब्बा सैयद कासिम रसूल इलियास की वेलफेयर पार्टी ऑफ इंडिया का दफ्तर चलता है। इलियास पार्टी के राष्ट्रीय अध्यक्ष हैं। वे प्रतिबंधित संगठन स्टुडेंट इसलामिक मूवमेंट ऑफ इंडिया का हिस्सा थे। वे श्रीराम मंदिर बनने के खिलाफ सर्वोच्च न्यायालय जानेवालों में भी शामिल थे।

वे जानते थे कि सड़क जाम का विरोध होगा। पुलिस या स्थानीय लोग उसे हटाने का प्रयास करेंगे। टकराव होगा और इसका फायदा उठाकर अपने लोगों की मदद से वहाँ मौजूद भीड़ को हमला करने के लिए उकसाएँगे और दंगे शुरू करवा देंगे। इन सारी गतिविधियों का उद्‌देश्य एक ही था कि सरकार को नागरिकता कानून पर झुकाना है; उसे कानून वापस लेने के लिए विवश करना है।

ताहिर ने अपनी दंगाई टीम के संबंध में भी दिल्ली पुलिस को बताया। उसने बताया कि 24 फरवरी को पड़ोसी अरशद कय्यूम, मोनू, अपने दफ्तर के पास के पिस्टल वाले गुलफाम, शरद अहमद हाजी, लियाकत अली उसके बेटे रिशाद अली, दयालपुर के मोहम्मद रियान अरशद को छत पर बुलाया। ताहिर ने अपने इलेक्ट्रिशयन मोहम्मद आबिद, एकाउंटेंट मोहम्मद शादाब, राशिद सैफी, अपने भाई शाह आलम को भी बुलावा भेज रखा था। जिन्हें छत पर बुलाया, उन्हें यह समझाया भी कि कैसे और कब पत्थर, पेट्रोल बम और बोतलों में तेजाब भरकर छत से नीचे फेंकना है।

फेंकते वक्त उसने इतनी सावधानी बरतने को कहा कि इस सामान का इस्तेमाल केवल पुलिस वालों और हिंदू समुदाय के लोगों के खिलाफ ही करना है। 24 फरवरी, 2020 को घर के बाहर और छत पर लगे सी.सी.टी.वी. के तार ताहिर ने कटवा दिए। वह नहीं चाहता था कि बाद में दंगों के कोई सबूत बचें। उत्तर पूर्वी दिल्ली को दंगों में झोंकने वाले ताहिर ने अपनी बीवी-बच्चों को दंगों में शामिल नहीं किया। उन्हें अपने रिश्तेदार के घर भिजवा दिया। पुलिस को बार-बार फोन करना भी ताहिर की योजना का हिस्सा था।

ताहिर के भाई शाह आलम और एक अन्य ने उसकी खूनी छत से फायरिंग भी की थी। इस वक्त ताहिर और खालिद सैफी दोनों ही पुलिस हिरासत में हैं लेकिन इन दंगों के बड़े योजनाकार अब भी लगता है कि दिल्ली पुलिस की पहुँच से बाहर हैं। उत्तर पूर्वी दिल्ली में इतने बड़े स्तर पर दंगों की योजना बनाना और उसके क्रियान्वयन में ताहिर और खालिद जैसों की भूमिका सिर्फ मोहरा होने की लगती है।

ताहिर बार-बार इस बात को पुलिस के सामने कुबूल कर रहा है कि मैंने, खालिद सैफी और उमर खालिद ने अपने जानकारों के साथ मिलकर दंगों का षड्यंत्र रचा। उमर खालिद से पुलिस पूछताछ कर रही है। उसका मोबाइल पुलिस के पास है। जे.एन.यू. के अंदर लगे भारत विरोधी नारों के दौरान भी उमर का नाम उछला था। फिर उत्तर पूर्वी दिल्ली में हुए दंगों में उसकी सक्रियता उसकी स्थिति को संदेहास्पद बनाती ही है।

दिल्ली पुलिस की चार्जशीट में कहा गया है कि 25 फरवरी को आई.बी. अधिकारी अंकित शर्मा की हत्या बेहद सोची-समझी साजिश का नतीजा थी। खजूरी खास इलाके में यह वारदात ताहिर हुसैन के घर के बाहर अंजाम दी गई थी। अंकित शर्मा की हत्या के बाद चाकुओं से गोदी गई उसकी लाश एक नाले में फेंक दी गई थी।

लिबरल मुसलिम पत्रकारों का इको सिस्टम दिल्ली दंगों पर लगातार तथ्यों से परे जाकर भटकाने वाली रिपोर्ट कर रही है। इसलिए दिल्ली दंगों से जुड़ी रिपोर्ट्स को पढ़ते हुए थोड़ी सावधानी बरतने की जरूरत है। आई.बी. अधिकारी अंकित शर्मा के भाई के हवाले से लिबरल मुसलिम इको सिस्टम के पत्रकारों ने यह खबर चलाई कि अंकित शर्मा के हत्यारे 'जय श्रीराम' का नारा लगा रहे थे। बाद में यह पूरी खबर ही बेबुनियाद साबित हुई।

□

संक्षिप्त परिचय

न्यायमूर्ति (सेवानिवृत्त) अंबादास जोशी

एक प्रख्यात दीवानी वकील। वर्ष 2004 से 2013 तक बंबई हाईकोर्ट के जज रहे। सेवानिवृत्ति के बाद 2014 से 2019 तक के लिए महाराष्ट्र प्रशासनिक न्यायाधिकरण का अध्यक्ष नियुक्त किए गए। विद्वान न्यायमूर्ति जोशी ने विभिन्न राष्ट्रीय और अंतरराष्ट्रीय मंचों पर व्याख्यान दिए हैं और उनके अनेक लेख भी प्रकाशित हुए हैं।

श्री एम.एल. मीणा

एक प्रतिष्ठित सरकारी कर्मचारी; 1983 बैच के आई.ए.एस. (पश्चिम बंगाल कैडर) अधिकारी रहे। राज्य तथा केंद्र सरकार में विभिन्न महत्त्वपूर्ण पदों पर काम करनेवाले श्री मीणा के पास व्यापक प्रशासनिक अनुभव है। वह काउंसिल फॉर एडवांसमेंट ऑफ पीपुल्स एक्शन एंड रूरल टेक्नोलॉजी (सी.ए.पी.ए.आर.टी.) के महानिदेशक के पद से सेवानिवृत्त हुए।

श्री विवेक दुबे

आंध्र प्रदेश कैडर के 1981 बैच के आई.पी.एस. अधिकारी। विभिन्न हाई-प्रोफाइल मामलों से जुड़े रहने का अच्छा-खासा अनुभव। सी.बी.आई. में रहते हुए गुजरात में सनसनीखेज बिलकिस बानो मामले के जाँच-दल के प्रमुख रहे और सी.आर.पी.एफ. के अपने कार्यकाल के दौरान जम्मू-

कश्मीर के आतंकवाद से लेकर अविभाजित आंध्र प्रदेश में नक्सलवाद का मुकाबला करने का अनुभव। सेवानिवृत्ति के बाद 2019 में चुनाव आयोग ने उन्हें पश्चिम बंगाल और सिक्किम में कानून व्यवस्था पर नजर रखने के लिए विशेष पर्यवेक्षक नियुक्त किया।

डॉ. टी.डी. डोगरा

अंतरराष्ट्रीय ख्याति के फोरेंसिक पैथोलॉजिस्ट। वर्ष 2007 से 2009 तक अखिल भारतीय आयुर्विज्ञान संस्थान के निदेशक रहे। उन्होंने तीन प्रधानमंत्रियों सर्वश्री इंदिरा गांधी, चरण सिंह और राजीव गांधी के निधन के मामलों में मेडिको-लीगल सुझाव दिए। डी.एन.ए. प्रोफाइलिंग, जनसंख्या आनुवांशिकी, अवशिष्ट, पर्यावरण और कीटनाशक विषाक्तता, जैव-नैतिकता, फार्मा कोविजिलेंस, चिकित्सा शिक्षा की निरंतरता, आत्महत्या की रोकथाम, फोरेंसिक मनोरोग (मनोवैज्ञानिक प्रोफाइलिंग), अपराध-दृश्य पुनर्निर्माण और फोरेंसिक एनीमेशन उनकी रुचि के विषय हैं। वह पूरे भारत के विभिन्न हाई-प्रोफाइल मामलों की मेडिको-लीगल जाँच से जुड़े रहे हैं।

सुश्री नीरा मिश्रा

स्वतंत्र रिसर्च स्कॉलर। ऐतिहासिक घटनाओं के सामाजिक-सांस्कृतिक पहलू तथा लोग, समाज और राष्ट्र पर इनका प्रभाव सुश्री नीरा की रुचि के विषय क्षेत्र रहे हैं। 'द्रौपदी ड्रीम ट्रस्ट' की संस्थापक ट्रस्टी और अध्यक्ष हैं। 'इंद्रप्रस्थ रिविजिटेड' समेत आठ पुस्तकों का संपादन किया। वर्तमान सामाजिक-सांस्कृतिक विषयों पर नियमित लेखन तथा कई राष्ट्रीय-अंतरराष्ट्रीय सम्मेलनों और प्रदर्शनियों का आयोजन।

श्री नीरज अरोड़ा

एडवोकेट, मध्यस्थ और कंप्यूटर फोरेंसिक विशेषज्ञ। सर्वोच्च न्यायालय

में एडवोकेट-ऑन-रिकॉर्ड और राष्ट्रीय जाँच एजेंसी के विशेष लोक अभियोजक हैं। इसके अतिरिक्त सूचना प्रौद्योगिकी मंत्रालय के कंट्रोलर ऑफ सर्टिफाइंग अथॉरिटीज के पैनल के सदस्य भी हैं। एक टेक्नोक्रेट होने के नाते उन्होंने साइबर, कानून और वित्त विषयों पर मजबूत पकड़ विकसित की। उनमें बिट्स-बाइट्स तथा डेबिट-क्रेडिट को कानून के साथ जोड़ने की अनूठी क्षमता है। डिफेंस लॉयर, स्पेशल पब्लिक प्रॉसिक्यूटर, लॉ इंफोर्समेंट ऑफिसर और आर्बिट्रेटर के रूप में उनका अनुभव उन्हें किसी भी मामले के सभी पहलुओं के मूल्यांकन की क्षमता देता है।

□□□